微觀經濟學

主　編　吳萍
副主編　趙雪松、李賀

財經錢線

前　言

在西方經濟學中，微觀經濟學與宏觀經濟學相對應。它以單個經濟單位作為研究對象，研究經濟中各種經濟變量的決定及其相互關係。比如：在一個市場中需求、供給和價格之間的相互關係是什麼以及均衡價格水平由什麼決定；一個消費者在什麼條件下實現自身效用的最大化；一個生產者在什麼條件下實現自身的利潤最大化；完全競爭市場和不完全競爭市場有什麼異同；當市場失靈時可以採取哪些措施來改善資源的配置，等等，都是微觀經濟學研究的內容。

基於三本應用型本科院校的培養目標，本教材特點在於：首先考慮的就是應用性，具體表現在對章節內容的取捨上。其次，本教材力圖用通俗易懂的文字表述和對現實經濟生活中案例的陳述和簡析來將微觀經濟學中晦澀難懂的理論描述清楚，並使學生能學以致用。最后，在案例使用方面盡可能在時間和空間上貼近現實，便於學生把握市場經濟運行和發展的基本規律，理解這些規律對市場經濟的影響及可能產生的負面效應。

本教材由吳萍教授擔任主編，趙雪松副教授、李賀副教授擔任副主編。全書共九章，共分為「市場運行規律和機制」「市場競爭與效率」以及「市場失靈及改善」三個部分。具體章節分工為：趙雪松老師編寫第一章，李賀老師編寫第二章，高雯老師編寫第三章，趙柯一老師編寫第四章，黃文娟老師編寫第五章，張雪占老師編寫第六章，李賀老師編寫第七、八章，趙雪松老師編寫第九章。全書最后由吳萍、趙雪松及李賀負責統稿、修改、校訂和最終定稿。

吳　萍

目　錄

第一章　導論 (1)
　導入案例 (1)
　第一節　經濟學的產生及其研究對象 (1)
　　一、資源的稀缺性和選擇的必要性 (1)
　　二、經濟學的研究對象 (2)
　第二節　經濟學的思維方式與研究方法 (3)
　　一、經濟學的思維方式 (3)
　　二、經濟學的研究方法 (4)
　第三節　學習經濟學的用途和意義 (6)
　　一、有利於培養經濟學思維 (6)
　　二、有利於正確認識和理解經濟生活中的經濟問題 (6)
　　三、有利於更好地理解和把握國家的宏觀經濟政策 (7)
　　四、有利於為其他相關課程的學習打下基礎 (7)
　綜合案例討論 (7)
　復習與思考 (8)

第二章　需求、供給和均衡價格 (9)
　導入案例 (9)
　第一節　需求曲線 (9)
　　一、需求函數 (10)
　　二、需求表和需求曲線 (11)
　第二節　供給曲線 (12)
　　一、供給函數 (12)
　　二、供給表和供給曲線 (13)
　第三節　均衡價格和均衡數量 (14)
　　一、均衡的含義 (14)
　　二、均衡價格的決定 (14)
　　三、均衡價格的變動 (15)

第四節　需求彈性和供給彈性 …………………………………… (17)
　　　一、彈性的一般含義 …………………………………………… (17)
　　　二、需求價格彈性 ……………………………………………… (18)
　綜合案例討論 ……………………………………………………… (22)
　復習與思考 ………………………………………………………… (23)

第三章　效用論 …………………………………………………… (25)
　導入案例 …………………………………………………………… (25)
　第一節　效用論概述 ……………………………………………… (25)
　　　一、效用的概念 ………………………………………………… (25)
　　　二、基數效用和序數效用 ……………………………………… (26)
　　　三、基數效用論和邊際效用分析方法概述 …………………… (26)
　第二節　無差異曲線 ……………………………………………… (31)
　　　一、關於偏好的假定 …………………………………………… (31)
　　　二、無差異曲線及其特點 ……………………………………… (32)
　　　三、商品的邊際替代率 ………………………………………… (34)
　第三節　預算線 …………………………………………………… (34)
　　　一、預算線的含義 ……………………………………………… (34)
　　　二、預算線的變動 ……………………………………………… (35)
　第四節　消費者均衡 ……………………………………………… (36)
　第五節　價格變化和收入變化對消費者均衡的影響 …………… (38)
　　　一、價格變化：價格—消費曲線 ……………………………… (38)
　　　二、消費者的需求曲線 ………………………………………… (39)
　　　三、收入變化：收入—消費曲線 ……………………………… (39)
　　　四、恩格爾曲線 ………………………………………………… (40)
　　　五、恩格爾定律 ………………………………………………… (41)
　第六節　替代效應和收入效應 …………………………………… (41)
　　　一、替代效應和收入效應的含義 ……………………………… (41)
　　　二、正常物品的替代效應和收入效應 ………………………… (41)
　　　三、正常物品與低檔物品的區別 ……………………………… (43)
　　　四、低檔物品的替代效應和收入效應 ………………………… (43)
　　　五、吉芬物品的替代效應和收入效應 ………………………… (44)
　綜合案例討論 ……………………………………………………… (44)
　復習與思考 ………………………………………………………… (45)

第四章　生產者理論 ……………………………………………… (47)
　導入案例 …………………………………………………………… (47)

第一節　生產技術與生產函數 …………………………………（48）
　　第二節　短期生產：一種可變生產要素的生產函數 ……………（49）
　　　　一、總產量、平均產量和邊際產量 ………………………（49）
　　　　二、邊際報酬遞減規律 ………………………………………（52）
　　　　三、總產量、平均產量和邊際產量的相互關係 ……………（53）
　　　　四、短期生產的三個階段 ……………………………………（54）
　　第三節　長期生產：兩種可變要素的生產函數 …………………（55）
　　　　一、等產量線 …………………………………………………（55）
　　　　二、邊際技術替代率 …………………………………………（56）
　　　　三、邊際技術替代率遞減規律 ………………………………（58）
　　第四節　規模報酬 …………………………………………………（58）
　　綜合案例討論 ………………………………………………………（60）
　　復習與思考 …………………………………………………………（61）

第五章　成本論 …………………………………………………（62）
　　導入案例 ……………………………………………………………（62）
　　第一節　成本的概念 ………………………………………………（63）
　　　　一、利潤 ………………………………………………………（63）
　　　　二、機會成本 …………………………………………………（63）
　　　　三、顯性成本和隱性成本 ……………………………………（63）
　　　　四、經濟利潤與正常利潤 ……………………………………（64）
　　第二節　短期成本曲線 ……………………………………………（64）
　　　　一、短期成本的分類 …………………………………………（64）
　　　　二、短期成本曲線的綜合圖 …………………………………（66）
　　　　三、邊際報酬遞減規律 ………………………………………（67）
　　　　四、短期產量曲線與短期成本曲線之間的關係 ……………（68）
　　第三節　長期成本曲線 ……………………………………………（69）
　　　　一、長期總成本函數和長期總成本曲線 ……………………（69）
　　　　二、長期平均成本函數和長期平均成本曲線 ………………（70）
　　　　三、長期邊際成本函數和長期邊際成本曲線 ………………（72）
　　綜合案例討論 ………………………………………………………（73）
　　復習與思考 …………………………………………………………（75）

第六章　完全競爭市場 …………………………………………（77）
　　導入案例 ……………………………………………………………（77）
　　第一節　完全競爭市場的含義 ……………………………………（78）
　　第二節　完全競爭廠商的需求曲線和收益曲線 …………………（79）

一、完全競爭廠商的需求曲線 ································· (79)
　　二、完全競爭廠商的收益曲線 ································· (80)
　第三節　廠商實現利潤最大化的均衡條件 ························· (81)
　第四節　完全競爭廠商的短期均衡和短期供給曲線 ················· (82)
　　一、完全競爭廠商的短期均衡 ································· (82)
　　二、完全競爭廠商的短期供給曲線 ····························· (84)
　第五節　完全競爭廠商的長期均衡 ······························· (85)
　　一、廠商對最優生產規模的選擇 ······························· (85)
　　二、廠商進出一個行業 ······································· (85)
　綜合案例討論 ··· (86)
　復習與思考 ··· (87)

第七章　不完全競爭市場 ·· (90)
　導入案例 ··· (90)
　第一節　完全壟斷市場 ··· (91)
　　一、完全壟斷的含義 ··· (91)
　　二、壟斷廠商的需求曲線和收益曲線 ··························· (92)
　　三、壟斷廠商的短期均衡 ····································· (94)
　　四、壟斷廠商的長期均衡 ····································· (96)
　　五、價格歧視 ··· (97)
　第二節　壟斷競爭市場 ··· (99)
　　一、壟斷競爭市場的含義 ····································· (99)
　　二、壟斷競爭廠商的需求曲線與收益曲線 ······················ (100)
　　三、壟斷競爭廠商的短期均衡 ································ (101)
　　四、壟斷競爭廠商的長期均衡 ································ (102)
　　五、壟斷競爭廠商的供給曲線 ································ (103)
　第三節　寡頭壟斷市場 ·· (103)
　　一、寡頭壟斷市場的特徵 ···································· (103)
　　二、寡頭壟斷廠商價格和產量的決定 ·························· (104)
　　三、寡頭廠商的供給曲線 ···································· (105)
　綜合案例討論 ·· (106)
　復習與思考 ·· (107)

第八章　生產要素的價格決定 ··································· (109)
　導入案例 ·· (109)
　第一節　生產要素的需求與供給 ································ (110)
　　一、生產要素的需求 ·· (110)

二、生產要素的供給⋯⋯⋯⋯⋯⋯⋯⋯⋯⋯⋯⋯⋯⋯⋯⋯⋯⋯⋯⋯⋯⋯（112）
　第二節　勞動與工資⋯⋯⋯⋯⋯⋯⋯⋯⋯⋯⋯⋯⋯⋯⋯⋯⋯⋯⋯⋯⋯⋯（115）
　　一、勞動的供給⋯⋯⋯⋯⋯⋯⋯⋯⋯⋯⋯⋯⋯⋯⋯⋯⋯⋯⋯⋯⋯⋯⋯（115）
　　二、勞動供給曲線⋯⋯⋯⋯⋯⋯⋯⋯⋯⋯⋯⋯⋯⋯⋯⋯⋯⋯⋯⋯⋯⋯（116）
　　三、勞動的市場供給曲線與均衡工資的決定⋯⋯⋯⋯⋯⋯⋯⋯⋯⋯⋯（117）
　第三節　地租與尋租⋯⋯⋯⋯⋯⋯⋯⋯⋯⋯⋯⋯⋯⋯⋯⋯⋯⋯⋯⋯⋯⋯（118）
　　一、土地與地租⋯⋯⋯⋯⋯⋯⋯⋯⋯⋯⋯⋯⋯⋯⋯⋯⋯⋯⋯⋯⋯⋯⋯（118）
　　二、級差地租⋯⋯⋯⋯⋯⋯⋯⋯⋯⋯⋯⋯⋯⋯⋯⋯⋯⋯⋯⋯⋯⋯⋯⋯（119）
　　三、準地租與經濟租金⋯⋯⋯⋯⋯⋯⋯⋯⋯⋯⋯⋯⋯⋯⋯⋯⋯⋯⋯⋯（119）
　第四節　資本與利息⋯⋯⋯⋯⋯⋯⋯⋯⋯⋯⋯⋯⋯⋯⋯⋯⋯⋯⋯⋯⋯⋯（119）
　綜合案例討論⋯⋯⋯⋯⋯⋯⋯⋯⋯⋯⋯⋯⋯⋯⋯⋯⋯⋯⋯⋯⋯⋯⋯⋯⋯（120）
　復習與思考⋯⋯⋯⋯⋯⋯⋯⋯⋯⋯⋯⋯⋯⋯⋯⋯⋯⋯⋯⋯⋯⋯⋯⋯⋯⋯（121）

第九章　市場失靈與政府干預⋯⋯⋯⋯⋯⋯⋯⋯⋯⋯⋯⋯⋯⋯⋯⋯⋯（123）
　導入案例⋯⋯⋯⋯⋯⋯⋯⋯⋯⋯⋯⋯⋯⋯⋯⋯⋯⋯⋯⋯⋯⋯⋯⋯⋯⋯⋯（123）
　第一節　市場失靈⋯⋯⋯⋯⋯⋯⋯⋯⋯⋯⋯⋯⋯⋯⋯⋯⋯⋯⋯⋯⋯⋯⋯（123）
　　一、市場失靈的含義⋯⋯⋯⋯⋯⋯⋯⋯⋯⋯⋯⋯⋯⋯⋯⋯⋯⋯⋯⋯⋯（123）
　　二、壟斷⋯⋯⋯⋯⋯⋯⋯⋯⋯⋯⋯⋯⋯⋯⋯⋯⋯⋯⋯⋯⋯⋯⋯⋯⋯⋯（123）
　　三、外部性⋯⋯⋯⋯⋯⋯⋯⋯⋯⋯⋯⋯⋯⋯⋯⋯⋯⋯⋯⋯⋯⋯⋯⋯⋯（124）
　　四、公共物品和公有資源⋯⋯⋯⋯⋯⋯⋯⋯⋯⋯⋯⋯⋯⋯⋯⋯⋯⋯⋯（125）
　　五、非對稱信息與市場失靈⋯⋯⋯⋯⋯⋯⋯⋯⋯⋯⋯⋯⋯⋯⋯⋯⋯⋯（127）
　第二節　政府對市場失靈的干預⋯⋯⋯⋯⋯⋯⋯⋯⋯⋯⋯⋯⋯⋯⋯⋯⋯（130）
　　一、政府參與經濟活動的定位⋯⋯⋯⋯⋯⋯⋯⋯⋯⋯⋯⋯⋯⋯⋯⋯⋯（130）
　　二、政府對市場失靈的干預⋯⋯⋯⋯⋯⋯⋯⋯⋯⋯⋯⋯⋯⋯⋯⋯⋯⋯（131）
　綜合案例討論⋯⋯⋯⋯⋯⋯⋯⋯⋯⋯⋯⋯⋯⋯⋯⋯⋯⋯⋯⋯⋯⋯⋯⋯⋯（133）
　復習與思考⋯⋯⋯⋯⋯⋯⋯⋯⋯⋯⋯⋯⋯⋯⋯⋯⋯⋯⋯⋯⋯⋯⋯⋯⋯⋯（134）

第一章　導　論

【導入案例】

水資源並不富裕

水是生命之所系。目前世界上大約有 20 億人處於缺水狀態，水資源稀缺已成為世界經濟發展的制約條件。

中國人均水資源擁有量只有世界平均水平的 1/4，人均水資源世界排名第 128 位。隨著人口的增長和社會的發展，中國的水資源供需矛盾將更加突出。在 21 世紀能否實現經濟社會和環境的可持續發展，與水資源的可持續利用和水環境有效治理有著密切關係。中國政府每年投入大量資金治理水資源，從經濟學意義上來說，就是要解決水資源稀缺的問題。

我們應該怎樣合理而且有效地利用有限的水資源為中國經濟社會發展服務？

第一節　經濟學的產生及其研究對象

一、資源的稀缺性和選擇的必要性

經濟學已經有 200 多年的歷史了。經濟學是如何產生的呢？經濟學家認為，經濟學產生於客觀存在於生活中的廣泛的稀缺性以及由此形成的選擇的需要。

所謂稀缺性，就是指我們所需要的產品和生產這些產品所必需的資源絕大多數都是有限的。尤其是相對於人類無窮無盡的慾望和需求來說，資源總是相對有限的。這種社會資源的有限性，又稱為稀缺性（Scarcity）。

當一個人只有 10 萬元而想買 20 萬元的汽車時，他面臨著金錢的稀缺；當一個學生在一個晚上既想看一場電影又想完成家庭作業時，他面臨著時間的稀缺；當社會資源既定而一個國家既想生產無限的大炮（用於國防），又想生產無限的大米（用於民生）時，它面臨著資源的稀缺。事實上，自從有人類社會以來，沒有哪一個社會能擺脫稀缺性，也沒有哪一個社會不面對稀缺性。稀缺性之所以無處不在、無時不在，是因為任何社會和個人，無論資源再多，都總是有限的，而慾望是無限的。無限性是慾望的基本特徵。舊的慾望滿足了，新的慾望又產生了。無限的、不斷湧現的慾望正是社會前進的動力，人類為了滿足自己的慾望而不斷努力創造的過程正是人類社會進步的歷史本身。

稀缺性表明了慾望無限性和資源有限性之間的矛盾，正是這種矛盾引起了經濟活動（Economic Activity）——人們克服稀缺性並進行選擇的過程。可以說，經濟學就是研究在

普遍稀缺性的約束下，如何優化資源配置及合理利用資源來盡可能地滿足人們的需求的科學。在這個選擇的過程中，產生了三個最基本的問題：第一，生產什麼？第二，怎樣生產？第三，為誰生產？

1. 生產什麼？（What）

這就是生產什麼產品和勞務，各生產多少。例如，只有一定量的土地和其他資源，生產者必須進行選擇，是用來生產糧食以滿足對食品的慾望，還是用於修建高爾夫球場以滿足運動的慾望？再比如，我們的經濟社會總是在不斷地推出數碼相機、智能手機這樣的新產品，不斷地推出自動提款機這樣的新的服務設施，是什麼導致這種持續的創新呢？

在市場經濟的條件下，生產什麼以及生產多少主要由廠商和消費者之間的相互作用所決定。在這個相互作用中，價格是決定生產什麼產品的關鍵。某些物品的價格上升會誘使廠商擴大生產以增加利潤。因此，我們應特別關注的問題是：為什麼有的商品比別的商品價格高？為什麼商品的價格會上升或者下降？

2. 怎樣生產？（How）

這就是用什麼方法來生產產品和勞務。生產產品和勞務的過程中要使用各種不同的資源（或生產要素），生產過程就是把不同的資源用不同的方式組合起來的過程。生產數量和質量相同的產品和勞務，可以用不同的資源組合方式來進行。紡織品可以用手工織機來生產，這時勞動力投入較多，機器設備（資本）投入較少；如果用現代化的機器來生產，用少量的工人就可以織出較多的紡織品，此時勞動力的投入較少，而機器設備（資本）的投入較多。採用什麼樣的資源組合方式，在若干種資源組合方式中哪一種更有效率，這就是怎麼生產的問題。

3. 為誰生產？（Who）

這就是生產出來的產品和勞務如何分配給社會各集團和個人。在每一個社會中，生產出來的產品，誰多消費誰少消費？這其中不但有收入水平的因素，還有政府的稅收和收入分配的因素。社會收入的分配決定著不同社會集團和個人在有限資源中可以獲得多大的份額。

經濟學家不僅關注經濟學如何回答這三個基本問題，而且還關注回答得好不好。他們要問：「這個經濟活動的效率高嗎？它可以在不減少一種物品的同時增加另一種物品嗎？它可以在不損害一部分人的利益的情況下使另一部分人生活得更好嗎？」

二、經濟學的研究對象

根據研究對象的不同，經濟學可以劃分為微觀經濟學和宏觀經濟學兩個部分。兩部分之間既有區別，又有聯繫。

微觀經濟學（Micro Economics）的研究對象是單個的經濟單位，包括單個的消費者、生產者和市場。對單個經濟單位的研究，一般可以分為三個層次：一是單個經濟單位的目標和決策選擇，即單個消費者如何進行理性的消費決策，單個生產者如何進行合理的生產決策以實現自身利益的最大化；二是單個市場的均衡分析，研究特定產品市場或生產要素市場的供給與需求如何相互作用以決定市場價格；三是分析所有相互聯繫的單個市場如何實現同時均衡。

亞當・斯密通常被認為是微觀經濟學的創始人。在《國富論》中，亞當・斯密考察了如何確定單個價格以及土地、勞動與資本的定價問題，並探究了市場機制的優缺點。最重要的是，他指出了市場的效率特徵，並看出經濟利益來源於個人的自利行為。儘管現代微觀經濟學已經有了長足的發展，但他的觀點仍然被頻繁引用，他的貢獻在今天仍有重要的意義。

宏觀經濟學（Macro Economics）研究整個經濟社會總體的經濟活動及其運行規律。它往往與國民收入、物價、就業、經濟增長、經濟波動等問題聯繫在一起。微觀經濟學所要解決的是資源如何實現有效及優化的配置，而宏觀經濟學研究的是在資源配置既定的前提下，分析資源有沒有被充分利用，如何充分利用的問題。宏觀經濟學研究的問題包括：①宏觀經濟波動的週期性原因是什麼？政府如何有效地採取一定的調控措施？②失業為什麼會存在？如何實現經濟社會的充分就業？③通貨膨脹的原因是什麼？它有什麼危害？如何克服通貨膨脹？④為什麼有些國家的經濟增長勢頭良好，而有些國家的經濟發展卻堪憂？可以採取哪些政策措施予以促進？

現代宏觀經濟學產生於20世紀30年代，由約翰・梅納德・凱恩斯於1936年發表的革命性的巨著《就業、利息與資本通論》奠定基礎。當時，英、美等國家尚未走出20世紀30年代的經濟大蕭條，失業者超過了美國勞動力的四分之一。凱恩斯的新理論分析了失業增加和經濟下降的原因、投資與消費的決定、中央銀行貨幣與利率的管理。凱恩斯還指出政府在調控經濟週期波動方面具有的重要作用。儘管今天的宏觀經濟學已經遠遠超出了凱恩斯的初創性見解，但凱恩斯所提出的議題仍是今天宏觀經濟學的基本範疇。

微觀經濟學與宏觀經濟學是相互聯繫和相互補充的。首先，宏觀經濟的總量是由微觀經濟的個量加總而來的，微觀經濟學是宏觀經濟學的基礎，很多宏觀分析都是建立在微觀分析的基礎上的。因此，如果不能很好地理解個體經濟單位的經濟行為，那麼也難以對整體經濟行為作出恰當的分析。其次，不能簡單地把宏觀經濟活動看作微觀經濟活動之和，尤其是對於經濟規律的綜合，更不能簡單地得出。換句話說，同一個問題，在微觀經濟學和宏觀經濟學的分析中，可能會得出不同的結論。比如，從微觀經濟學的角度看，單個企業降低工資，便可以降低成本，增加利潤。但從宏觀經濟學的角度看，如果所有企業都降低工資，在其他條件不變的情況下，會導致社會總需求不足，進而最終導致所有企業的利潤下降。最後，微觀與宏觀又是互相補充，相輔相成的。微觀以資源充分利用為前提，研究資源的優化配置；而宏觀以資源優化配置為前提，研究資源的充分利用。市場具有自身的局限性，不能解決諸如壟斷、公平等重大問題，必須在宏觀調控下才能做到資源的最優配置。而宏觀調控也必須以市場為基礎，調動一切積極因素，才能真正做到資源的充分利用。

第二節　經濟學的思維方式與研究方法

一、經濟學的思維方式

經濟學不僅是關於資源配置的科學，也是分析經濟單位理性選擇行為、解釋經濟現象、探究經濟活動規律的一種思維方式或方法。社會經濟由成千上萬個變量和參數相互聯

繫、相互作用而構成一個複雜的系統。經濟學就是將複雜的現實經濟投影到經濟學的理論和模型上，從而構造出分析錯綜複雜的經濟現象的經濟體系或者經濟理論。這些體系或理論就是經濟學的思維方式。因此，經濟學的思維方式是理解現代經濟學的關鍵所在。我們在學習中不僅要掌握經濟學的理論知識，更重要的是能夠運用經濟學的思維方式去分析和解決現實經濟問題。在對經濟活動的分析中，經濟學家所選擇的視角是基於機會成本基礎上的理性選擇，因此機會成本和理性選擇就成為了經濟學思維中兩個重要的方面。

（一）機會成本

機會成本是經濟學上一個非常重要的概念，也是經濟思維中一個重要的方面。所謂機會成本（Opportunity Cost），是指當把資源用於某一特定用途中而放棄的在其他用途中可能獲得的最大收益。我們知道，相對於人類的無窮慾望來說，資源總是相對稀缺的，當我們把某種產品或資源用於一種用途中時，這種產品或資源就不能用於其他用途。因此，人們必須根據自己的需要，在各種不同的用途中不斷地權衡取捨，使稀缺的資源得到合理有效的利用。在一個稀缺資源的世界，每一項選擇都是以放棄其他選擇為代價的，這種在作出一項選擇而不得不放棄的其他選擇機會所可能創造的最大價值或者可能給經濟主體帶來的最大收益就是機會成本。比如，有一塊地，可以用於種植花生，也可以用於種植蔬菜。假如種植花生可以帶來1000元的收益，而種植蔬菜可以帶來1200元的收益，那麼種植花生的代價就是放棄種植蔬菜可能獲得的1200元，或者說，種植花生的機會成本就是1200元。反過來，種植蔬菜的機會成本就是1000元。機會成本有大有小，人們往往會通過比較不同選擇所產生的機會成本，把有限的資源盡可能地用於機會成本最小的用途以滿足最大的慾望。比如說，如果你手裡只有5元錢，要麼用於購買食物充飢，要麼用於購買礦泉水解渴。這5元錢到底怎麼花，就取決於你是更餓一些，還是更渴一些。換句話說，哪一種選擇的機會成本更小一些。經濟學的思維方式告訴我們，在考慮一項經濟活動的成本或者費用時，不僅僅需要考慮實際支出或費用，還得考慮它的機會成本。

（二）「理性經濟人」假設

「理性經濟人」假設，也稱理性人假設，是指市場主體（包括消費者、生產者等）在經濟活動中的決策或選擇都是合乎理性的，以利己為動機，力圖以最小的代價獲取盡可能高的收益或回報。由於機會成本的存在，那麼理性經濟人在作出選擇時所要考慮的就是以最小的機會成本來獲取最大的收益。比如，消費者在收益有限的情況下，總是力圖通過合理的購買決策，來實現最大的享受或者滿意度；企業在資源有限的情況下，力圖通過科學優化的生產要素資源配置，給自身帶來最大的利潤。當然，現實經濟是錯綜複雜的，我們在現實的經濟活動中的實際情況並不如「理性經濟人」假設中的那樣理性，常常有較大的偏差，經濟人的理性並非是完全的，而是有限的。因此，美國經濟學家、諾貝爾經濟學獎獲得者西蒙就提出了「有限理性」的概念。無論如何，「理性經濟人」的假設也是經濟學思維中另一個重要的方面，它告訴我們在分析經濟單位的經濟行為時，他們往往會按照「理性經濟人」的方式作出合理的選擇。

二、經濟學的研究方法

現代經濟學已經形成了一整套完善的分析方法，這些分析方法貫穿經濟學學習的始

終。在學習經濟學之前，我們需要對這些方法作一個簡單的介紹。

(一) 經濟模型分析

經濟模型是用於描述經濟現象中各經濟變量之間關係的一種理論結構。簡單地說，經濟模型就是經濟理論中各變量的函數關係。如果我們要考察商品價格和需求量之間的關係，我們就可以建立一個經濟模型如需求函數 $Q_d = a-bP$（其中 Q_d 為對某種商品的需求量，P 為該商品的價格，a 和 b 為參數且大於零）來表示兩個變量之間的方向變化的關係。一個經濟模型表示一種經濟理論或者經濟關係，它可以用文字說明（敘述法），也可以用數學方程式表達（代數法），還可以用幾何圖形表達（幾何法）。需要說明的是，任何模型都有一定的假設，而現實經濟是複雜的，模型只是一種對現實的抽象，不能百分之百地等同於現實。從模型中得出的對現實經濟活動的預測必須在現實中得到檢驗。如果模型預測經得起事實的檢驗，則這種模型是合理的；如果模型的預測與事實不一致，則需要重新修改假設，建立新的模型。

(二) 均衡分析

均衡是從物理學中引入的概念。在物理學中，均衡是指同一物體同時受到來自幾個方向不同外力作用而合力為零時，該物體所處的靜止或勻速運動的狀態。在經濟學中，均衡就是指「相對靜止」的狀態，是指各對立著的、變動著的經濟變量在達到某種狀態下不再變動、相對靜止的狀況。比如某商品需求增加會導致價格上升，而供給增加會導致價格下降，只有在需求和供給這兩種相反力量達到相等時，商品的價格才會保持既不上升，也不下降的相對靜止狀態，也就是均衡的狀態。分析均衡實現的條件和實現的過程是經濟學的主要分析方法之一。

均衡又分為局部均衡和一般均衡。局部均衡分析是在假定其他條件不變的情況下分析某一時間上，某一市場的某種商品的供給需求均衡，一般是某一單一市場的均衡。它假定分析的目標市場和其他市場相互之間不產生影響。比如，我們知道汽車市場和摩托車市場是相互影響的，但在分析汽車市場的均衡時，局部均衡分析方法只考慮汽車市場本身的供求狀況，而不考慮摩托車市場對它的影響。一般均衡分析是關於整個經濟體系的價格和產量結構的一種研究方法，是一種比較全面的分析方法。如上面的例子，在考慮汽車市場的均衡時，一般均衡分析方法不僅要考慮汽車市場本身的均衡，還要考慮摩托車市場對汽車市場的影響、汽車市場對摩托車市場的影響以及摩托車市場的均衡。只有當市場體系中的每一個市場都均衡時，才是所謂的一般均衡。顯然，一般均衡比局部均衡更複雜一些，其實現均衡的條件也更難一些。在經濟學中，大多的均衡分析採用局部均衡分析方法。

舉一個均衡分析方法的例子。假設市場的需求函數為 $Q_d = 1250-250p$，它表示市場需求量與商品價格之間的反向變動的關係；而市場的供給函數為 $Q_s = -750+250p$，它表示市場供給量與商品價格之間的同向變化的關係。那麼市場在什麼時候實現均衡呢？答案是市場會在 $Q_d = Q_s$ 時實現均衡，此時的價格 $p = 4$。也就是說，市場會在商品的需求和商品的供給相等時實現均衡，均衡價格為 4 元，只要商品的需求和供給不發生變化，市場就會保持 4 元的價格不變，處於相對靜止的狀態。這就是均衡分析方法。

(三) 邊際分析

邊際分析方法是經濟學的重要分析方法，它產生於 19 世紀末 20 世紀初的「邊際革命」時期。它吸收了心理學和數學的一些研究成果，將心理分析和增量分析同時引入經濟

學的研究中，奠定了現代西方微觀經濟學的方法論的基礎。

「邊際」在經濟學中是指在消費者或者生產者行為中對原有經濟變量每增加或者減少一單位對其他經濟變量產生的影響。比如說，當某個學生吃完三個包子後，再吃第四個包子，這個增加的包子給學生帶來的效用增量如何？這樣一種用邊際量對經濟行為和經濟變量進行分析的方法，就是邊際分析方法。

（四）實證分析與規範分析

以實證表述為內容的經濟學成為實證經濟學（Positive Economics），以規範表述為內容的經濟學稱為規範經濟學（Normative Economics）。經濟學中的實證分析是描述性的，它作出關於世界是什麼的表述；而規範分析是命令性的，它作出關於世界應該是什麼的表述。

實證分析方法只描述經濟現象或經濟事實，不涉及對經濟現象的評價。實證經濟學回答如下問題：為什麼醫生比看門人賺得多？加入世貿組織（WTO）是提高了還是降低了大多數中國人的工資？增加稅收對經濟有什麼影響？實證分析還涉及對經濟現象的解釋和預測。比如說，中國加入世貿組織后，到 2005 年，汽車進口關稅將由入世前的 80%~100%降至 25%，並將取消進口配額。這會對汽車的價格以及生產銷售產生什麼樣的影響？這對國內消費者以及國內汽車生產商有什麼樣的影響？這對汽車產業的工人有什麼影響？這些都屬於實證分析的範疇，實證分析是微觀經濟學的主要分析方法。

與之相反，規範分析涉及對經濟現象的價值判斷，回答「應該是什麼」的問題。比如：地鐵票合理定價應該是多少？「美國聯邦所得稅法對中等收入家庭是不公平的」表述等涉及了價值判斷的問題，屬於規範分析。規範分析也是微觀經濟學的重要分析方法。

第三節　學習經濟學的用途和意義

經濟學是一門來源於現實又扎根於現實的學科，被譽為「社會科學皇冠上的那顆最為璀璨的明珠」。學習經濟學具有以下幾方面的意義：

一、有利於培養經濟學思維

經濟學給我們提供了分析問題的新的視角和好的方法，而嚴謹的邏輯思維訓練也會幫助我們更加理性全面地看待和分析經濟現象。通過系統學習，可以培養良好的經濟學思維和習慣。在思考實際問題時，人們會自覺不自覺地從這些角度（經濟學中的理性經濟人、機會成本、邊際分析方法等內容）去思考，並且還有可能把這些思維方式應用到更多非經濟問題的思考中去。關於經濟學思維的力量，著名經濟學家凱恩斯是這樣論述的：「經濟學家和政治哲學家的思想，無論他們是在對的時候還是在錯的時候，都比一般設想的更有力量。的確，世界就是由它們統治著。」

二、有利於正確認識和理解經濟生活中的經濟問題

經濟學包含很多理論內容。理論是抽象的，體現於現實生活，又會變得非常具體，並

且具有充分的應用性。通過經濟學的學習，我們可以對一些經濟現象進行正確的認識、思考和理解。比如，有的時候農業增產了，但農民的收入並沒有增加。我們可以用經濟學中的彈性理論來解釋這一經濟現象。市場裡的蔬菜肉類，在過年時節會賣得比平時更貴一些，對此我們可以用供求理論來進行解釋。作為人類生活必需品的水比對日常生活不是那麼必需的鑽石要便宜很多，對此我們可以用邊際效用來解釋。諸如此類的現實經濟問題，在掌握了一般的經濟學理論後，我們都可以很好地理解和解釋。

三、有利於更好地理解和把握國家的宏觀經濟政策

經濟學的學習能夠幫助我們更好地理解國家的經濟政策和經濟措施並對其產生的背景進行分析。比如，國家為什麼要實施「城鎮化」政策？它對經濟發展有什麼益處？在經濟過熱時，為什麼政府要出抬緊縮性的經濟政策和措施？為什麼不同國家都注重人力資本的累積和技術創新。通過經濟學的學習，我們能夠較為準確地回答這些問題。

四、有利於為其他相關課程的學習打下基礎

經濟學是經濟管理類專業的基礎課程，是學習專業課程和其他相關課程的重要基礎。國際貿易、財政學、金融學等專業課程的學習都是建立在良好的經濟學基礎之上的。事實上，經濟學是很多學科、專業的必修和選修課程，這一點大家在以後的學習中可以直接體會到。

【綜合案例討論】

你是「理性經濟人」嗎？[1]

為了驗證經濟學中的「理性經濟人」這一基本的假設，實驗經濟學家設計了一個「最后通牒博弈」的游戲：兩人分一筆固定數額100元的獎金，由A提出分配方案，然後由B來表決。如果A提出來給B一個數額x（0<x<100）元，那麼A可以獲得100-x元，接下來由B來決定是否接受這一方案。如果接受，就按這個方案來分配，如果B不接受此方案，那麼兩人將一無所得。

按照「理性經濟人」的假設，只要讓x>0，那麼B就應該接受。比如A提出x=1，B得1元，A得99元，B應該會接受，否則兩人獲得的獎金將會是0。也就是說，按照「理性經濟人」的假設，得到1元的效用大於0元的效用，那麼B就會同意A的方案，但事實上不一定如此。因為在兩人分配額如此懸殊的情況下，B會覺得不公平，所以他很可能會拒絕A提出的方案。一旦他拒絕了A的方案，實際上他就違反了「理性經濟人」的假設。從A的角度看，他會考慮到B很可能在分配不公的情況下選擇拒絕接受分配方案，從而給自己帶來損失，所以A會選擇多給B一些錢，而這一行為似乎又是在違反追求自身利益最大化的「理性經濟人」假設。

---

[1] 改編自：胡飛龍. 實驗經濟學對經濟學方法論的影響研究 [J]. 現代商貿工業, 2010.

如果你是 A，你會如何選擇？你是「理性經濟人」嗎？如果你是 B，結果又是怎樣呢？

【復習與思考】

一、名詞解釋

稀缺性

機會成本

理性經濟人

微觀經濟學

宏觀經濟學

邊際分析

二、簡答題

1. 簡述微觀經濟學的研究對象和研究內容。
2. 簡述宏觀經濟學的研究對象和研究內容。
3. 簡述經濟學的主要研究方法。

第二章 需求、供給和均衡價格

【導入案例】

為啥洋蔥豐產不豐收[①]

易門十街鄉的洋蔥今年喜獲豐收，3000畝（1畝≈666.67平方米，全書同）地產量至少1.5萬噸。不料卻遭遇滯銷難題，鮮有收購商來收購，來收的開價僅15元30公斤。而過去，30公斤洋蔥可以賣到七八十塊錢。正是嘗到了去年洋蔥好賣的甜頭，不少種植戶擴大了種植規模，一些種植其他作物的也改種洋蔥，還有的新種植戶不惜花高價租地種洋蔥。

於全國來說，易門洋蔥爛市並非孤立的事件，各地都曾有發生，現在正在發生，未來還可能發生。從白菜、土豆、生姜、大蒜，再到各類水果，都曾出現過賣不出去爛在田間地頭的現象。頭年的價格暴漲刺激著更多的農民加入到種白菜、土豆、洋蔥的隊伍中來，規模越來越大，可以預見到產量自然非常龐大，一旦市場飽和，價格跟著就會一路狂跌，直至爛市。

很多農民都不懂這些簡單的經濟規律，在誘人的「錢」景面前，一戶看著一戶，一戶跟著一戶，以致全村甚至是全鄉的農民都種起洋蔥或是白菜。等到豐收之后卻無人問津，大家這才慌了神。

面對洋蔥無人問津的價格暴跌，面對洋蔥可能要爛在地裡的結果，我們能埋怨農民一擁而上的跟風選擇嗎？不能。農民跟風種植，只不過是為了讓自家的收入增加一點，生活過得更好一點。但是豐收卻沒有帶來收入倍增，反而落到連成本都可能無法收回的境地。辛辛苦苦、勤勤懇懇勞作了半年或是一年，到頭來卻成了竹籃打水一場空，怎能不讓農民們心急如焚？到底該怎麼辦？他們不知所措。

洋蔥豐收了卻賣不出去，很多農民肯定就不敢再種，明年的洋蔥價格又會高揚上去。今年出現菜賤傷農，明年就可能發生菜貴傷市民。

在市場經濟中，物價一定範圍內的波動屬正常現象，商品的價格歸根到底是由市場的供求關係決定的。因此，如何把供求關係穩定在相對均衡的水平，是突破這一難題的關鍵。

思考與分析：農產品的價格受哪些因素的影響？

第一節 需求曲線

在市場經濟中，價格是經濟參與者之間相互聯繫和傳遞經濟信息的機制，並且價格機

[①] 張玉杰. 易門黃洋蔥9毛9一斤，昆明老街坊買了都說好［N］. 都市時報，2014-04-20.

制也使經濟資源得到有效的配置。那麼，價格是如何形成的呢？

消費者和廠商的經濟行為之間的相互聯繫表現為產品市場和生產要素市場供求關係的相互作用，而正是這種供求關係的相互作用形成了市場的均衡價格。任何商品的價格都是由需求和供給兩方面的因素共同決定的。作為微觀經濟學分析的起點，本節和下一節將分別介紹需求和供給的兩個基本概念。

一、需求函數

需求（Demand）是指消費者在一定時期內在各種可能的價格水平下願意而且能夠購買的該商品的數量。經濟學中所說的需求必須是有效需求。它需要具備兩個條件——購買的意願和支付的能力，兩者缺一不可。

一種商品的需求數量是由許多因素共同決定的。其中主要的因素有：該商品的價格、消費者的收入水平、相關商品的價格、消費者的偏好和消費者對該商品的價格預期等。它們各自對商品的需求數量的影響如下：

1. 商品的自身價格

一般說來，一種商品的價格越高，該商品的需求量就會越小。相反，價格越低，需求量就會越大。

2. 消費者的收入水平

對於大多數商品來說，當消費者的收入水平提高時，就會增加對商品的需求量。相反，當消費者的收入水平下降時，就會減少對商品的需求量。

3. 相關商品的價格

當一種商品本身的價格保持不變，而與它相關的其他商品的價格發生變化時，這種商品本身的需求量也會發生變化。例如，在其他條件不變的前提下，當饅頭的價格不變而花卷的價格上升時，人們往往就會增加對饅頭的購買，從而使得饅頭的需求量上升。

4. 消費者的偏好

當消費者對某種商品的偏好程度增強時，該商品的需求量就會增加。相反，偏好程度減弱，需求量就會減少。

5. 消費者對商品的價格預期

當消費者預期某種商品的價格在未來下一期會上升時，就會增加對該商品的現期需求量；當消費者預期某商品的價格在將來下一期會下降時，就會減少對該商品的現期需求量。

需求函數是表示一種商品的需求數量和影響該需求數量的各種因素之間的相互關係。也就是說，在以上的分析中，影響需求數量的各個因素是自變量，需求數量是因變量。一種商品的需求數量是所有影響這種商品需求數量的因素的函數。但是，如果我們對影響一種商品需求量的所有因素同時進行分析，這就會使問題變得複雜起來。在處理這種複雜的多變量的問題時，通常可以將問題簡化，即一次把注意力集中在一個影響因素上，而同時假定其他影響因素保持不變。在這裡，由於一種商品的價格是決定需求量的最基本的因素，所以，我們假定其他因素保持不變，僅僅分析一種商品的價格對該商品需求量的影響，即把一種商品的需求量僅僅看成這種商品的價格的函數。於是，需求函數就可以用下

式表示：

$$Q^d = f(P) \tag{2.1}$$

式中，P 為商品的價格，Q^d 為商品的需求量。

二、需求表和需求曲線

需求函數 $Q^d = f(P)$ 表示一種商品的需求量和該商品的價格之間存在著一一對應的關係。這種函數關係可以分別用商品的需求表和需求曲線來加以表示。

商品的需求表是表示某種商品的各種價格水平和與各種價格水平相對應的該商品的需求數量之間關係的數字序列表。表 2-1 是某商品的需求表。

從表 2-1 可以清楚地看到，商品價格與需求量之間的函數關係。比如，當商品價格為 2 元時，商品的需求量為 600 單位；當價格上升為 3 元時，需求量下降為 500 單位；當價格進一步上升為 4 元時，需求量下降為更少的 400 單位；如此等等。

表 2-1　　　　　　　　　　　　某商品的需求表

價格—需求量組合	A	B	C	D	E
價格（元）	2	3	4	5	6
需求量（單位數）	600	500	400	300	200

商品的需求曲線是根據需求表中商品不同的價格—需求量的組合在平面坐標圖上繪製而成的一條曲線。圖 2-1 是根據表 2-1 繪製的一條需求曲線。

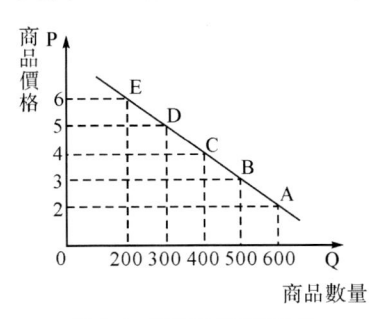

圖 2-1　某商品的需求曲線

在圖 2-1 中，橫軸 OQ 表示商品的數量，縱軸 OP 表示商品價格。應該指出的是，與數學上的習慣相反，在微觀經濟學分析需求曲線和供給曲線時，通常以縱軸表示自變量 P，以橫軸表示因變量 Q。

根據表 2-1 中每一個商品的價格—需求量的組合，得到需求曲線 $Q^d = f(P)$。它表示在不同價格水平下消費者願意而且能夠購買的商品數量。所以，需求曲線是以幾何圖形來表示商品的價格和需求量之間的函數關係的。

微觀經濟學在論述需求函數時，一般都假定商品的價格和相應的需求量的變化具有無限分割性，即具有連續性。正是由於這一假定，在圖 2-1 中才可以將商品的各個價格—需求量的組合點 A、B、C……連接起來，從而構成一條光滑、連續的需求曲線。

圖 2-1 中的需求曲線是一條直線，實際上，需求曲線可以是直線型的，也可以是曲線型的。當需求函數為線性函數時，相應的需求曲線是一條直線，直線上各點的斜率是相等的。當需求函數為非線性函數時，相應的需求曲線是一條曲線，曲線上各點的斜率是不相等的。在微觀經濟分析中，為了簡化分析過程，在不影響結論的前提下，大多使用線性需求函數。線性需求函數的通常形式為：

$$Q^d = \alpha - \beta P \tag{2.2}$$

式中 α、β 為常數，且 α、$\beta > 0$。該函數所對應的需求曲線為一條直線。

建立在需求函數基礎上的需求表和需求曲線都反應了商品的價格變動和需求量變動二者之間的關係。從表 2-1 可見，商品的需求量隨著商品價格的上升而減少。相應地，在圖 2-1 中的需求曲線具有一個明顯的特徵，它是向右下方傾斜的，即它的斜率為負值。它們都表示商品的需求量和價格之間成反方向變動的關係。

至於需求曲線為什麼一般是向右下方傾斜的，或者說商品的價格和需求量之間成反方向變動的具體原因是什麼，這將在第三章效用論中得到深入的分析和說明。本節只是描述了關於商品的價格和需求量這兩個變量相互關係的現象，而並沒有解釋關於這種現象的原因。

第二節　供給曲線

一、供給函數

供給（Supply）是指生產者在一定時期內在各種可能的價格下願意而且能夠提供出售的該種商品的數量。經濟學意義上的供給也同樣是一種有效供給，是供給意願和供給能力的統一。生產者對某種商品只有提供出售的願望，而沒有提供出售的能力，也不能算作供給。

一種商品的供給數量取決於多種因素的影響。其中主要的因素有：該商品的價格、生產的成本、生產的技術水平、相關商品的價格和生產者對未來的預期。它們各自對商品的供給量的影響如下：

1. 商品的自身價格

一般說來，一種商品的價格越高，生產者提供的產量就越大。相反，商品的價格越低，生產者提供的產量就越小。

2. 生產的成本

在商品自身價格不變的條件下，生產成本上升會減少利潤，從而使得商品的供給量減少。相反，生產成本下降會增加利潤，從而使得商品的供給量增加。

3. 生產的技術水平

在一般的情況下，生產技術水平的提高可以降低生產成本，增加生產者的利潤，生產者會提供更多的產量。

4. 相關商品的價格

在一種商品的價格不變，而其他相關商品的價格發生變化時，該商品的供給量會發生變化。例如，對某個生產小麥和玉米的農戶來說，在玉米價格不變和小麥價格上升時，該

農戶就可能增加小麥的耕種面積而減少玉米的耕種面積。

5. 生產者對未來的預期

如果生產者對未來的預期看好，如預期商品的價格會上漲，生產者往往會擴大生產，增加產量供給。如果生產者對未來的預期是悲觀的，如預期商品的價格會下降，生產者往往會縮減生產，減少產量供給。

一種商品的供給量是所有影響這種商品供給量的因素的函數。如果假定其他因素均不發生變化，僅考慮一種商品的價格變化對其供給量的影響，即把一種商品的供給量只看成這種商品價格的函數，則供給函數就可以表示為：

$$Q^s = f(P) \tag{2.3}$$

式中，P 為商品的價格，Q^s 為商品的供給量。

二、供給表和供給曲線

供給函數 $Q^s = f(P)$ 表示一種商品的供給量和該商品價格之間存在著一一對應的關係。這種函數關係可以分別用供給表和供給曲線來表示。

商品的供給表是表示某種商品的各種價格和與各種價格相對應的該商品的供給數量之間關係的數字序列表。表 2-2 是某商品的供給表。

表 2-2　　　　　　　　　　　某商品的供給表

價格—供給量組合	A	B	C	D	E
價格（元）	2	3	4	5	6
供給量（單位數）	0	200	400	600	800

表 2-2 清楚地表示了商品的價格和供給量之間的函數關係。例如，當價格為 6 元時，商品的供給量為 800 單位；當價格下降為 4 元時，商品的供給量減少為 400 單位；當價格進一步下降為 2 元時，商品的供給量減少為零。

商品的供給曲線是根據供給表中的商品的價格—供給量組合在平面坐標圖上所繪製的一條曲線。圖 2-2 便是根據表 2-2 所繪製的一條供給曲線。

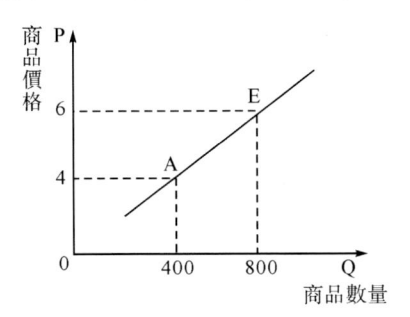

圖 2-2　某商品的供給曲線

圖中的橫軸 OQ 表示商品數量，縱軸 OP 表示商品價格。在平面坐標圖上，把根據供給表中商品的價格—供給量組合所得到的相應的坐標點 A、B、C、D、E 連接起來的線，

就是該商品的供給曲線 $Q^s=f(P)$。它表示在不同的價格水平下生產者願意而且能夠提供出售的商品數量。供給曲線是以幾何圖形表示商品的價格和供給量之間的函數關係。和需求曲線一樣，供給曲線也是一條光滑而連續的曲線，它是建立在商品的價格和相應的供給量的變化具有無限分割性即連續性的假設上的。

第三節　均衡價格和均衡數量

需求曲線說明了消費者對某種商品在每一價格下的需求量是多少，供給曲線說明了生產者對某種商品在每一價格下的供給量是多少。但是，它們都沒說明這種商品本身的價格究竟是如何決定的。那麼，商品的價格是如何決定的呢？微觀經濟學中的商品價格是指商品的均衡價格。商品的均衡價格是在商品的市場需求和市場供給這兩種相反力量的相互作用下形成的。下面，將需求曲線和供給曲線結合在一起分析均衡價格的形成及其變動。

一、均衡的含義

在西方經濟學中，均衡是一個被廣泛運用的重要的概念。均衡（Equilibrium）的最一般的意義是指經濟事物中有關的變量在一定條件的相互作用下所達到的一種相對靜止的狀態。

在微觀經濟分析中，市場均衡可以分為局部均衡和一般均衡。局部均衡是就單個市場或部分市場的供求與價格之間的關係和均衡狀態進行分析。一般均衡是就一個經濟社會中的所有市場的供求與價格之間的關係和均衡狀態進行分析。一般均衡假定各種商品的供求和價格都是相互影響的，一個市場的均衡只有在其他所有市場都達到均衡的情況下才能實現。

二、均衡價格的決定

在西方經濟學中，一種商品的均衡價格是指該種商品的市場需求量和市場供給量相等時的價格。在均衡價格水平下的相等的供求數量被稱為均衡數量。從幾何意義上說，一種商品市場的均衡出現在該商品的市場需求曲線和市場供給曲線相交的交點上，該交點被稱為均衡點。均衡點上的價格和相等的供求量分別被稱為均衡價格和均衡數量。市場上需求量和供給量相等的狀態，也被稱為市場出清的狀態。

現在把前面圖 2-1 中的需求曲線和圖 2-2 中的供給曲線結合在一起，用圖 2-3 說明一種商品的市場均衡價格的決定。

在圖 2-3 中，假定 D 曲線為市場的需求曲線，S 曲線為市場的供給曲線。需求曲線 D 和供給曲線 S 相交於 E 點，E 點為均衡點。在均衡點 E，均衡價格 $\bar{P}=4$ 元，均衡數量 $\bar{Q}=400$。顯然，在均衡價格 4 元的水平，消費者的購買量和生產者的銷售量是相等的，都為 400 單位。也可以反過來說，在均衡數量 400 的水平，消費者願意支付的最高價格和生產者願意接受的最低價格是相等的，都為 4 元。因此，這樣一種狀態便是一種使買賣雙方都感到滿意並願意持續下去的均衡狀態。

商品的均衡價格是如何形成的呢？

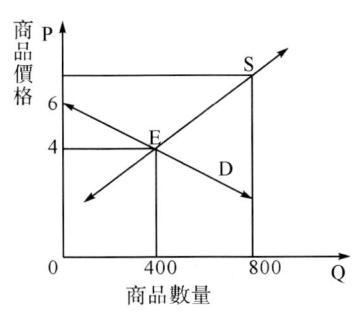

圖 2-3　均衡價格的決定

商品的均衡價格表現為商品市場上需求和供給這兩種相反的力量共同作用的結果，它是在市場的供求力量的自發調節下形成的。當市場價格偏離均衡價格時，市場上會出現需求量和供給量不相等的非均衡的狀態。一般說來，在市場機制的作用下，這種供求不相等的非均衡狀態會逐步消失，實際的市場價格會自動地恢復到均衡價格水平。

表 2-3　　　　　　　　　　　某商品均衡價格的決定

價格（元）	6	5	4	3	2
需求量（單位數）	200	300	400	500	600
供給量（單位數）	800	600	400	200	0

仍用圖 2-3 或相應的表 2-3 來說明均衡價格的形成。當市場的實際價格高於均衡價格，為 6 元時，商品的需求量為 200 單位，供給量為 800 單位。這種供給量大於需求量的商品過剩或超額供給的市場狀況，一方面會使需求者壓低價格來購買商品，另一方面，又會使供給者減少商品的供給量。這樣，該商品的價格必然下降，一直下降到均衡價格 4 元的水平。與此同時，隨著價格由 6 元下降為 4 元，商品的需求量逐步地由 200 單位增加為 400 單位，商品的供給量逐步地由 800 單位減少為 400 單位，從而實現供求量相等的均衡數量 400 單位。相反地，當市場的實際價格低於均衡價格，為 3 元時，商品的需求量為 500 單位，供給量為 200 單位。面對這種需求量大於供給量的商品短缺或超額需求的市場狀況，一方面，迫使需求者提高價格來得到他所要購買的商品量，另一方面，又促使供給者增加商品的供給量。這樣，該商品的價格必然上升，一直上升到均衡價格 4 元的水平。在價格由 3 元上升為 4 元的過程中，商品的需求量逐步地由 500 單位減少為 400 單位，商品的供給量逐步地由 200 單位增加為 400 單位，最後達到供求量相等的均衡數量 400 單位。由此可見，當市場上的實際價格偏離均衡價格時，市場上總存在著變化的力量，最終達到市場的均衡或市場出清。

三、均衡價格的變動

一種商品的均衡價格是由該商品市場的需求曲線和供給曲線的交點所決定的。因此，需求曲線或供給曲線的位置的移動都會使均衡價格水平發生變動。下面將先介紹有關需求曲線和供給曲線位置移動的內容，然後再說明這兩種移動對均衡價格以及均衡數量的影響。

(一) 需求曲線的移動

要瞭解需求曲線的移動，必須區分需求量的變動和需求的變動這兩個概念。在西方經濟學文獻中，需求量的變動和需求的變動都是需求數量的變動，它們的區別在於引起這兩種變動的因素是不相同的，而且，這兩種變動在幾何圖形中的表示也是不相同的。

1. 需求量的變動

需求量的變動是指在其他條件不變時，由某商品的價格變動所引起的該商品的需求數量的變動。在幾何圖形中，需求量的變動表現為商品的價格—需求數量組合點沿著一條既定的需求曲線的運動。例如，在圖 2-1 中，當商品的價格發生變化由 2 元逐步上升為 5 元，它所引起的商品需求數量由 600 單位逐步地減少為 300 單位時，商品的價格—需求數量組合由 B 點沿著既定的需求曲線 $Q^d=f(P)$，經過 C、D 點，運動到 E 點。需要指出的是，這種變動雖然表示需求數量的變化，但是並不表示整個需求狀態的變化。因為，這些變動的點都在同一條需求曲線上。

2. 需求的變動

需求的變動是指在某商品價格不變的條件下，由於其他因素變動所引起的該商品的需求數量的變動。這裡的其他因素變動是指消費者收入水平變動、相關商品的價格變動、消費者偏好的變化和消費者對商品的價格預期的變動等。

(二) 供給曲線的移動

要瞭解供給曲線的移動，必須區分供給量的變動和供給的變動這兩個概念。類似於以上關於需求量的變動和需求的變動的區分，供給量的變動和供給的變動都是供給數量的變動，它們的區別在於引起這兩種變動的因素是不相同的，而且，這兩種變動在幾何圖形中的表示也是不相同的。

供給量的變動是指在其他條件不變時，由某商品的價格變動所引起的該商品供給數量的變動。在幾何圖形中，這種變動表現為商品的價格—供給數量組合點的移動。

供給的變動是指在某商品價格不變的條件下，由於其他因素變動所引起的該商品的供給數量的變動。這裡的其他因素變動可以指生產成本的變動、生產技術水平的變動、相關商品價格的變動和生產者對未來的預期的變化，等等。在幾何圖形中，供給的變動表現為供給曲線的位置發生移動。

前面的圖 2-2 表示的是供給量的變動：隨著價格上升所引起的供給數量的逐步增加，A 點沿著同一條供給曲線逐步運動到 E 點。

(三) 需求的變動和供給的變動對均衡價格和均衡數量的影響

1. 需求變動的影響

在供給不變的情況下，需求增加會使需求曲線向右平移，從而使得均衡價格和均衡數量都增加；需求減少會使需求曲線向左平移，從而使得均衡價格和均衡數量都減少。具體如圖 2-4 所示。

在圖 2-4 中，既定的供給曲線 S 和最初的需求曲線 D_1 相交於 E_1 點。在均衡點 E_1，均衡價格為 P_1，均衡數量為 Q_1。需求增加使需求曲線向右平移至 D_2 曲線的位置，D_2 曲線與 S 曲線相交於 E_2 點。在均衡點 E_2，均衡價格上升為 P_2，均衡數量增加為 Q_2。相反，需求減少使需求曲線向左平移至 D_3 曲線的位置，D_3 曲線與 S 曲線相交於 E_3 點。在均衡點 E_3，均衡價格下降為 P_3，均衡數量減少為 Q_3。

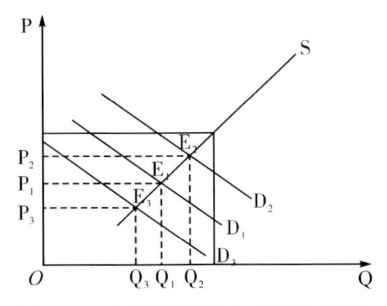

圖 2-4　需求的變動和均衡價格的變動

2. 供給變動的影響

在需求不變的情況下，供給增加會使供給曲線向右平移，從而使得均衡價格下降，均衡數量增加；供給減少會使供給曲線向左平移，從而使得均衡價格上升，均衡數量減少。具體如圖 2-5 所示。

在圖 2-5 中，既定的需求曲線 D 和最初的供給曲線 S_1 相交於 E_1 點。在均衡點 E_1 的均衡價格和均衡數量分別為 P_1 和 Q_1。供給增加使供給曲線向右平移至 S_2 曲線的位置，並與 D 曲線相交於 E_2 點。在均衡點 E_2，均衡價格下降為 P_2，均衡數量增加為 Q_2。相反，供給減少使供給曲線向左平移至 S_3 曲線的位置，且與 D 曲線相交於 E_3 點。在均衡點 E_3，均衡價格上升為 P_3，均衡數量減少為 Q_3。

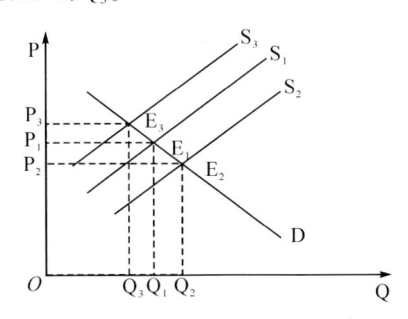

圖 2-5　供給的變動和均衡價格的變動

綜上所述，可以得到供求定理：在其他條件不變的情況下，需求變動分別引起均衡價格和均衡數量的同方向的變動；供給變動引起均衡價格的反方向的變動，引起均衡數量同方向的變動。

第四節　需求彈性和供給彈性

一、彈性的一般含義

通過前面的學習，我們已經知道，商品的需求與供給受到很多因素的影響，但是這些因素

一定程度的變化，到底在多大程度上引起供求的變化？例如，當一種商品的價格下降1%時，這種商品的需求量和供給量究竟分別會上升和下降多少呢？當消費者的收入水平上升1%時，商品的需求量究竟增加了多少？經濟學中彈性理論是測定這種影響程度大小的重要工具。

彈性（Elasticity）表示因變量對自變量變化的反應的敏感程度。具體地說，它是這樣一個數字，它告訴我們，當一個經濟變量發生1%的變動時，由它引起的另一個經濟變量變動的百分比。

在經濟學中，彈性的一般公式為：

$$彈性系數 = \frac{因變量的變動比例}{自變量的變動比例}$$

設兩個經濟變量之間的函數關係為 Y=f（X），則彈性的一般公式還可以表示為：

$$e = \frac{\frac{\Delta Y}{Y}}{\frac{\Delta X}{X}} = \frac{\Delta Y}{\Delta X} \times \frac{X}{Y} \tag{2.4}$$

式中，e 為彈性系數，Δx、ΔY 分別為變量 X、Y 的變動量。該式表示：當自變量 X 變化百分之一時，因變量 Y 變化百分之幾。

若經濟變量的變化量趨於無窮小，即：當（2.5）式中的 $\Delta X \to 0$，且 $\Delta Y \to 0$ 時，則彈性公式為：

$$e = \lim_{\Delta x \to 0} \frac{\frac{\Delta Y}{Y}}{\frac{\Delta X}{X}} = \frac{\frac{dY}{Y}}{\frac{dX}{X}} = \frac{dY}{dX} \times \frac{X}{Y} \tag{2.5}$$

需要指出的是，由彈性的定義公式可以清楚地看到，彈性是兩個變量各自變化比例的一個比值，所以，彈性是一個具體的數字，它與自變量和因變量的單位無關。

本節將以需求的價格彈性為重點，考察與需求和供給有關的幾個彈性概念。

二、需求價格彈性

（一）需求價格彈性的含義

需求的價格彈性表示在一定時期內一種商品的需求量變動對於該商品的價格變動的反應程度。或者說，它表示在一定時期內當一種商品的價格變化百分之一時所引起的該商品的需求量變化的百分比。其公式為：

$$需求的價格彈性系數 = -\frac{需求量變動率}{價格變動率}$$

（二）需求價格彈性的類型

需求的價格彈性可以分為弧彈性和點彈性。

1. 需求的價格弧彈性

（1）需求的價格弧彈性的含義

需求的價格弧彈性表示某商品需求曲線上兩點之間的需求量的變動對於價格的變動的反應程度。簡單地說，它表示需求曲線上兩點之間的彈性。假定需求函數為 Q=f（P），

ΔQ 和 ΔP 分別表示需求量的變動量和價格的變動量，以 e_d 表示需求的價格彈性係數，則需求的價格弧彈性的公式為：

$$e_d = -\frac{\frac{\Delta Q}{Q}}{\frac{\Delta P}{P}} = -\frac{\Delta Q}{\Delta P} \times \frac{P}{Q} \tag{2.6}$$

這裡需要指出的是，在通常情況下，由於商品的需求量和價格是成反方向變動的，$\frac{\Delta Q}{\Delta P}$ 為負值，所以，為了便於比較，就在公式（2.7）中加了一個負號，以使需求的價格彈性係數 e_d 取正值。

（2）需求的價格弧彈性的計算

圖 2-6 是需求函數 $Q^d = 2400-400P$ 的幾何圖形。

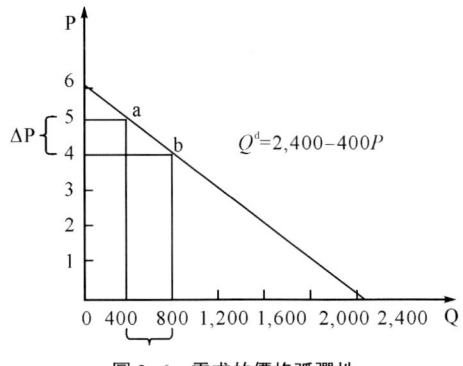

圖 2-6　需求的價格弧彈性

圖 2-6 中需求曲線上 a、b 兩點的價格分別為 5 和 4，相應的需求量分別為 400 和 800。根據公式（2.6），相應的弧彈性分別計算如下：

由 a 點到 b 點（即降價時）：

$$e_d = -\frac{\Delta Q}{\Delta P} \times \frac{P}{Q} = -\frac{Q_b - Q_a}{P_b - P_a} \times \frac{P_a}{Q_a} = -\frac{800-400}{4-5} \times \frac{5}{400} = 5$$

由 b 點到 a 點（即提價時）：

$$e_d = -\frac{\Delta Q}{\Delta P} \times \frac{P}{Q} = -\frac{Q_b - Q_a}{P_b - P_a} \times \frac{P_a}{Q_a} = -\frac{400-800}{5-4} \times \frac{4}{800} = 2$$

可見，由 a 點到 b 點和由 b 點到 a 點弧彈性係數值是不相同的。在同一條需求曲線上，漲價和降價產生的需求的價格弧彈性數值是不相同的。為了避免不同的計算結果，通常取兩點之間的平均值來代替公式中的 P 和 Q 的數值，即需求的價格弧彈性應採用下式計算：

$$ed = -\frac{\Delta Q}{\Delta P} \times \frac{\frac{P_1 + P_2}{2}}{\frac{Q_1 + Q_2}{2}} \tag{2.7}$$

公式（2.8）又被稱為需求的價格弧彈性的中點公式。

根據中點公式，上例中 a、b 兩點之間的需求的價格弧彈性為：

$$e_d = \frac{400}{1} \times \frac{\frac{5+4}{2}}{\frac{400+800}{2}} = 3$$

（3）需求的價格弧彈性的類型

需求的價格弧彈性有五種類型：

①$e_d>1$，富有彈性

在商品的價格變化1%的前提下，需求量的變化率可能大於1%，這時有$e_d>1$，表示需求量的變動率大於價格的變動率，即需求量對於價格變動的反應是比較敏感的，所以，$e_d>1$被稱為富有彈性。如圖2-7中的（a）所示。

②$e_d<1$，缺乏彈性

在商品的價格變化1%的前提下，需求量的變化率也可能小於1%。這時有$e_d<1$，表示需求量的變動率小於價格的變動率，即需求量對於價格變動的反應欠敏感，所以，$e_d<1$被稱為缺乏彈性。如圖2-7中的（b）所示。

③$e_d=1$，單位彈性

在商品的價格變化1%的前提下，需求量的變化率也可能恰好等於1%。這時有$e_d=1$，它表示需求量和價格的變動率剛好相等。$e_d=1$被稱為單一彈性或單位彈性。如圖2-7中（c）所示。

④$e_d=\infty$，完全彈性

從需求的價格彈性的角度看，對於水平的需求曲線來說，只要價格有一個微小的上升，就會使無窮大的需求量一下子減少為零。也就是說，相對於無窮小的價格變化率，需求量的變化率是無窮大的，即有$e_d=\infty$，這種情況被稱為完全彈性。如圖2-7中（d）所示。圖2-7中（d）需求曲線為一條水平線。水平的需求曲線表示在既定的價格水平下需求量是無限的。

⑤$e_d=0$，完全無彈性

從需求的價格彈性的角度看，對於垂直的需求曲線來說，無論價格如何變化，需求量的變化量總是為零，即有$e_d=0$，這種情況被稱為完全無彈性。如圖2-7中（e）所示，圖2-7中（e）的需求曲線是一條垂直線。垂直的需求曲線表示相對於任何價格水平，需求量都是固定不變的。

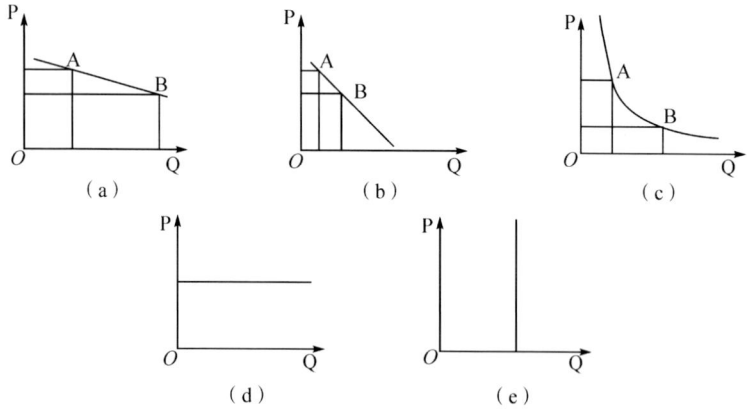

（a）

（b）

（c）

（d）

（e）

圖2-7　需求的價格弧彈性的五種類型

2. 需求的價格點彈性

當需求曲線上兩點之間的變化量趨於無窮小時，需求的價格彈性要用點彈性來表示。也就是說，它表示需求曲線上某一點上的需求量變動對於價格變動的反應程度。需求的價格點彈性的公式為：

$$e_d = \lim_{\Delta x \to 0} -\frac{\frac{\Delta Q}{Q}}{\frac{\Delta P}{P}} = \frac{\frac{dQ}{Q}}{\frac{dP}{P}} = \frac{dQ}{dP} \times \frac{P}{Q} \qquad (2.8)$$

比較（2.7）式和（2.8）式可見，需求的價格弧彈性和點彈性的本質是相同的。它們的區別僅在於：前者表示價格變動量較大時的需求曲線上兩點之間的彈性，而后者表示價格變動量無窮小時的需求曲線上某一點的彈性。

線性需求曲線上的任何一點的彈性，都可以通過由該點出發向價格軸或數量軸引垂線的方法來求得。具體如圖 2-8 所示。

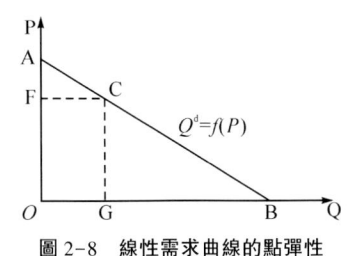

圖 2-8　線性需求曲線的點彈性

顯然，線性需求曲線上的點彈性有一個明顯的特徵：在線性需求曲線上的點的位置越高，相應的點彈性係數值就越大；相反，位置越低，相應的點彈性係數值就越小。

(三) 影響需求的價格彈性的因素

影響需求的價格彈性的因素是很多的，其中主要有以下幾個：

第一，商品的可替代性。一般說來，一種商品的可替代品越多，相近程度越高，則該商品的需求的價格彈性往往就越大；相反，該商品的需求的價格彈性往往就越小。

第二，商品用途的廣泛性。一般說來，一種商品的用途越是廣泛，它的需求的價格彈性就可能越大；相反，用途越是狹窄，它的需求的價格彈性就可能越小。這是因為，如果一種商品具有多種用途，當它的價格較高時，消費者只購買較少的數量用於最重要的用途上。當它的價格逐步下降時，消費者的購買量就會逐漸增加，將商品越來越多地用於其他的各種用途上。

第三，商品對消費者生活的重要程度。一般說來，生活必需品的需求的價格彈性較小，非必需品的需求的價格彈性較大。例如，饅頭的需求的價格彈性是較小的，電影票的需求的價格彈性是較大的。

第四，商品的消費支出在消費者預算總支出中所占的比重。消費者在某商品上的消費支出在預算總支出中所占的比重越大，該商品的需求的價格彈性可能越大；反之，則越小。例如，火柴、鹽、鉛筆、肥皂等商品的需求的價格彈性就是比較小的。因為，消費者在這些商品上的支出是很小的，消費者往往不太重視這類商品價格的變化。

第五，所考察的消費者調節需求量的時間。一般說來，所考察的調節時間越長，則需

求的價格彈性就可能越大。因為，當消費者決定減少或停止對價格上升的某種商品的購買之前，他一般需要花費時間去尋找和瞭解該商品的可替代品。例如，當石油價格上升時，消費者在短期內不會較大幅度地減少需求量。但設想在長期內，消費者可能找到替代品，於是，石油價格上升會導致石油的需求量較大幅度地下降。

需要指出的是，一種商品需求的價格彈性的大小是各種影響因素綜合作用的結果。所以，在分析一種商品的需求的價格彈性的大小時，要根據具體情況進行全面的綜合分析。

【綜合案例討論】

生活中的經濟學現象

在現實生活中，經濟學無處不在。大到跨國集團之間的經濟博弈，小到日常生活的點點滴滴。我們的生活就是在經濟學的各種規律的操縱下進行的，任何有趣的現象，都可以在經濟學中找到相應的解釋。

2009年以來，大蒜、綠豆、玉米等農產品價格大幅上漲。這一輪農產品接力般的漲價潮，在網絡上也催生了一系列的網絡熱詞。「蒜你狠」「豆你玩」「姜你軍」「豬你漲」……形容大蒜、綠豆、生姜以及豬肉等農產品價格一路飆升，超出合理範圍。而繼「房奴」後，網上出現了「菜奴」，幽默的網友紛紛在論壇上大曬每日帳本和省錢秘籍，引來無數網友的圍觀。

新聞一：近期，在農貿市場和超市裡的牛肉價格牛氣衝天，近一個月以來，牛肉的價格持續看漲，已經到了三四十塊錢一斤。從年初開始，成牛的價格從七千元左右，一路漲到現在的一萬二三。有的品質好的能賣到一萬八千元左右。半年來，價格漲了不少。看著價格高，但每天市場的交易量也在下滑，原來一天能交易十頭牛左右，現在每天最多賣五頭牛。牛羊肉市場已經有了「牛魔王」和「羊貴妃」的說法。

現象：記者採訪買菜的居民時，居民們都說，牛肉漲了，那就少吃點牛肉了，多吃點雞蛋什麼的。為什麼牛肉價格漲了，人們買得就少了呢？

新聞二：2012年食用油市場又掀起了一波漲價潮。金龍魚花生油月初宣布調價8%，隨後中糧福臨門花生油經銷商於7月中旬開始調整價格，魯花花生油在北京地區部分渠道的最高漲幅達15%，日前金龍魚調和油也在7月底開始調價，幅度在5%左右。據悉，廣東部分超市已收到漲價通知，花生油全線漲價，漲幅最大達到11%。商務部發布的食用農產品監測數據顯示，截至上周，糧油零售價格穩中有漲，其中菜籽油、花生油、豆油價格比前一周分別上漲0.3%、0.2%、0.2%。

現象：人們一邊怨聲載道，一邊又趕緊多買些屯在家裡，預防後面再漲。記者採訪的時候，居民們說，價格已經漲了，有什麼辦法？總要買的啊！為什麼食用油價格漲了，人們卻沒有減少購買？

請運用經濟學的原理對上面這些日常生活中的有趣現象進行合理解釋。

【復習與思考】

一、選擇題

1. 需求規律說明（　　）。
   A. 藥品的價格上漲會使藥品質量提高
   B. 計算機價格下降導致銷售量增加
   C. 絲綢價格提高，遊覽公園的人數增加
   D. 汽車的價格提高，汽車的銷售量減少
   E. 羽毛球的價格下降，球拍的銷售量增加

2. 當出租車租金上漲后，對公共汽車服務的（　　）。
   A. 需求增加　　　　　　　　B. 需求量增加
   C. 需求減少　　　　　　　　D. 需求量減少
   E. 無法確定

3. 對大白菜供給的減少，不可能是由於（　　）。
   A. 氣候異常嚴寒　　　　　　B. 政策限制大白菜的種植
   C. 大白菜的價格下降　　　　D. 化肥價格上漲
   E. 無法確定

4. 供給規律說明（　　）。
   A. 生產技術提高會使商品的供給量增加
   B. 政策鼓勵某商品的生產，因而該商品供給量增加
   C. 消費者更喜歡消費某商品，使該商品的價格上升
   D. 某商品價格上升將導致對該商品的供給量增加

5. 下列（　　）項會導致麵包的需求線向右移動。
   A. 面粉價格上漲　　　　　　B. 果醬價格上漲
   C. 收入下降　　　　　　　　D. 花生醬價格下降

6. 當商品的供給和需求同時增加后，該商品的均衡價格將（　　）。
   A. 上升　　　　　　　　　　B. 下降
   C. 不變　　　　　　　　　　D. 無法確定
   E. 使得均衡數量不變

7. 某魚販以每公斤 4 元的價格從水庫運來鮮魚 500 公斤到早市銷售，如他面臨的需求曲線為 Q＝1000－100P，為獲得最大利潤，他應銷出（　　）。
   A. 500 公斤　　　　　　　　B. 400 公斤
   C. 兩者都正確　　　　　　　D. 兩者都不正確

8. 需求和收入正相關的是（　　）。
   A. 替代品　　　　　　　　　B. 互補品
   C. 劣等品　　　　　　　　　D. 正常商品

9. 當兩種商品中一種商品的價格發生變動時，這兩種商品的需求量都同時增加或減少，則這兩種商品的需求交叉價格彈性為（　　）。

A. 正值　　　　　　　　　B. 負值
C. 0　　　　　　　　　　D. 1

10. 當某消費者的收入上升20%，其對某商品的需求量上升5%，則商品的需求收入彈性（　　）。

A. 大於1　　　　　　　　B. 小於1
C. 等於1　　　　　　　　D. 等於0

二、計算題

1. 假定表2-4是需求函數 Qd＝500-100P 在一定價格範圍內的需求表。

表2-4　　　　　　　　　　某商品的需求表

價格（元）	1	2	3	4	5
需求量	400	300	200	100	0

（1）求出價格2元和4元之間的需求的價格弧彈性。

（2）根據給出的需求函數，求 P＝2 時的需求的價格點彈性。

（3）根據該需求函數或需求表作出相應的幾何圖形，利用幾何方法求出 P＝2 時的需求的價格點彈性。它與（2）的結果相同嗎？

2. 假定某消費者的需求的價格彈性 Ed＝1.3，需求的收入彈性 Em＝2.2。

求：（1）在其他條件不變的情況下，商品價格下降2%對需求數量的影響。

（2）在其他條件不變的情況下，消費者收入提高5%對需求數量的影響。

三、簡答題

1. 需求的變動與需求量的變動有何區別與聯繫？
2. 影響需求彈性的因素有哪些？
3. 利用圖闡述需求的價格彈性的大小與廠商的銷售收入之間的關係，並舉例說明。

第三章 效用論

【導入案例】

你幸福嗎?[1]

2012年中秋、國慶雙節前期，中央電視臺推出了「走基層百姓心聲」特別調查節目「幸福是什麼」。央視走基層的記者們分赴各地採訪包括城市白領、鄉村農民、科研專家、企業工人在內的幾千名各行各業的工作者，「幸福」成為媒體的熱門詞彙。

在諸多短小視頻中我們節選三段來進行分析：

（1）記者到偏遠的農村採訪了一個留守兒童。記者問：「小姑娘，你吃飯了嗎？你幸福嗎？你覺得幸福是什麼？」小姑娘對於幸福是什麼的回答讓人詫異。她說：「我覺得幸福就是能在冬天不要穿拖鞋，一周能吃上一頓肉。」

（2）記者在中秋節前到了某火車站，在熙熙攘攘的人群中採訪了一位正在購買火車票準備回家的大學生。問的是同樣的問題：「你覺得幸福是什麼？」這位大學生的回答是：身邊有女朋友，再有一份收入穩定的工作。

（3）記者又去農貿市場採訪了正在購買蔬菜的大媽。記者熱情地問大媽：「大媽，您覺得幸福是什麼？」大媽樸實地回答：「老兩口不生病，過年兒女能回家陪我們吃吃飯。」

思考與分析：為什麼同樣的問題，三個人的回答不一樣？

第一節 效用論概述

一、效用的概念

效用是指商品滿足人的慾望的能力，或是指消費者在消費商品時所感受到的滿足程度。我們可以從消費的主體與消費的客體兩個方面討論效用。從消費的主體來講，效用是某人從自己所從事的行為中得到的滿足；從消費的客體來講，效用是商品滿足人的慾望或需要的能力。效用完全是一種主觀的心理評價，它和人的慾望聯繫在一起，是消費者對商品滿足自己的慾望的能力的一種主觀心理評價。

---

[1] 整理自「走基層百姓心聲」特別調查節目「幸福是什麼？」。

二、基數效用和序數效用

基數效用論者認為效用是可以衡量和加總的。序數效用論者認為，效用是不可以度量的而且度量也是沒意義的，效用只能排序。分析消費者行為有兩種方法，他們分別是基數效用論者的邊際分析方法和序數效用論者的無差異曲線的分析方法。

基數效用論的基本觀點是：效用是可以計量並可以加總求和的。表示效用大小的計量單位被稱為效用單位。

基數效用論採用的是邊際效用分析法。基數效用論認為效用大小是可以測量的，其計數單位就是效用單位。例如，對某一個人來說，吃一頓豐盛的晚餐和看一場高水平的足球賽的效用分別為5效用單位和10效用單位，則可以說這兩種消費的效用之和為15效用單位，且后者的效用是前者的效用的2倍。

仍就上面的例子來說，消費者要回答的是偏好哪一種消費，即哪一種消費的效用是第一，哪一種消費的效用是第二。或者說，要回答的是寧願吃一頓豐盛的晚餐，還是寧願看一場高水平的足球賽。以序數效用論來描述第一、第二、第三等這樣的滿足感更為貼切。

三、基數效用論和邊際效用分析方法概述

1. 邊際效用遞減規律

基數效用論者將效用區分為總效用（Total Utility）和邊際效用（Marginal Utility），它們的英文簡寫分別為 TU 和 MU。總效用是指消費者在一定時間內從一定數量的商品的消費中所得到的效用量的總和。邊際效用是指消費者在一定時間內增加一單位商品的消費所得到的效用量的增量。假定消費者對一種商品的消費數量為 Q，則總效用函數為：

$$TU = f(Q) \quad (3.1)$$

相應的邊際效用函數為：

$$MU = \frac{\Delta TU(Q)}{\Delta Q}$$

當商品的增加量趨於無窮小，即 $\Delta Q \to 0$ 時有：

$$MU = \lim_{\Delta Q \to 0} \frac{\Delta TU(Q)}{dQ} = \frac{dTU(Q)}{dQ} \quad (3.2)$$

這裡要指出的是，「邊際」概念是一個基本概念。邊際量的一般含義是表示一單位的自變量的變化量所引起的因變量的變化量。抽象的邊際量的定義公式為：

$$邊際量 = \frac{因變量的變化量}{自變量的變化量}$$

當然，由表3-1可見，當商品的消費量由0增加為1時，總效用由0增加為10效用單位，總效用的增量即邊際效用為10效用單位（因為10-0=10）。當商品的消費量由1增加為2時，總效用由10效用單位上升為18效用單位，總效用的增量即邊際效用下降為8效用單位（因為18-10=8）。依此類推，當商品的消費量增加為6時，總效用達最大值，為30效用單位，而邊際效用已遞減為0（因為30-30=0）。此時，消費者對該商品的消費已達到飽和點。當商品的消費量再增加為7時，邊際效用會進一步遞減為負值即-2效用

單位（因為28-30=-2），總效用便下降為28效用單位了。

表 3-1　　　　　　　　　　某商品的效用表　　　　　　　貨幣的邊際效用 λ=2

商品數量 (1)	總效用 (2)	邊際效用 (3)	價格 (4)
0	0		
1	10	10	5
2	18	8	4
3	24	6	3
4	28	4	2
5	30	2	1
6	30	0	0
7	28	-2	

根據表 3-1 所繪製的總效用和邊際效用曲線如圖 3-1 所示。

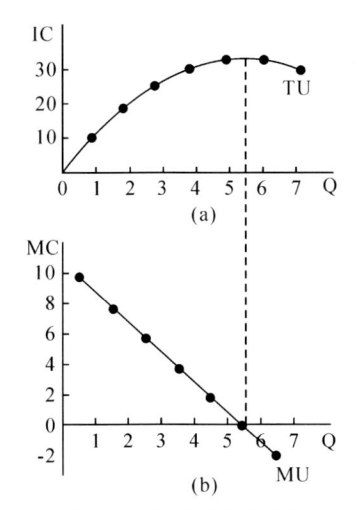

圖 3-1　某商品的效用曲線

圖 3-1 中的橫軸表示商品的數量，縱軸表示效用量，TU 曲線和 MU 曲線分別為總效用曲線和邊際效用曲線。由於邊際效用被定義為消費品的一單位變化量所帶來的總效用的變化量，又由於圖中的商品消費量是離散的，所以，MU 曲線上的每一個值都記在相應的兩個消費數量的中點上。

在圖 3-1 中，MU 曲線是向右下方傾斜的，它反應了邊際效用遞減規律，相應地，TU 曲線是以遞減的速率先上升后下降的。當邊際效用為正值時，總效用曲線呈上升趨勢；當邊際效用遞減為零時，總效用曲線達最高點；當邊際效用繼續遞減為負值時，總效用曲線呈下降趨勢。從數學意義上講，如果效用曲線是連續的，則每一消費量上的邊際效用值就是總效用。

對於消費過程中會呈現出邊際效用遞減規律，基數效用解釋，邊際效用遞減規律成立的原因，可以是由於隨著相同消費品的連續增加，從人的生理和心理的角度講，從每一單位消費品中所感受到的滿足程度和對重複刺激的反應程度是遞減的。人們總是喜好將第一

單位的消費品用在最重要的用途上,第二單位的消費品用在次重要的用途上。這樣,消費品的邊際效用便隨著消費品的用途重要性的下降而遞減。

邊際效用遞減規律的內容是:在一定時間內,在其他商品的消費數量保持不變的條件下,隨著消費者對某種商品消費量的增加,消費者從該商品連續增加的每一消費單位中所得到的效用增量即邊際效用是遞減的。

【拓展閱讀】

春晚的怪圈

大約從20世紀80年代初期開始,中國老百姓在過春節的年夜飯中增添了一個誘人的內容,那就是春節聯歡晚會。記得1982年第一屆春晚的出抬,在當時娛樂事業尚不發達的中國引起了極大的轟動。晚會的節目成為全國老百姓在街頭巷尾和茶餘飯后津津樂道的題材。

晚會年復一年地辦下來了,投入的人力和物力越來越大,技術效果越來越先進,場面設計越來越宏大,節目種類也越來越豐富。但不知從哪一年開始,人們對春晚的評價卻越來越差了。原來街頭巷尾和茶餘飯后的讚美之詞變成了一片罵聲,春晚成了一道眾口難調的大菜,晚會陷入了「年年辦,年年罵;年年罵,年年辦」的怪圈。

春晚的怪圈反應了邊際效用遞減的規律。

2. 關於貨幣的邊際效用

對於一個消費者來說,隨著貨幣收入量的不斷增加,貨幣的邊際效用是遞減的。這就是說,隨著某消費者貨幣收入的逐步增加,每增加一元錢給該消費者所帶來的邊際效用是越來越低的。

但是,在分析消費者行為時,基數效用論者又通常假定貨幣的邊際效用是不變的。據基數效用論者的解釋,在一般情況下,消費者的收入是給定的,而且,單位商品的價格只占消費者總貨幣收入量中的很小部分,所以,當消費者對某種商品的購買量發生很小的變化時,所支出的貨幣的邊際效用的變化是非常小的。對於這種微小的貨幣的邊際效用的變化,可以略去不計。這樣,貨幣的邊際效用便是一個不變的常數。

3. 消費者均衡

消費者均衡是研究單個消費者如何把有限的貨幣收入分配在各種商品的購買中以獲得最大的效用。也可以說,它是研究單個消費者在既定收入下實現效用最大化的均衡條件。這裡的均衡是指消費者實現最大效用時既不想再增加,也不想再減少任何商品購買數量的一種相對靜止的狀態。

在基數效用論者那裡,消費者實現效用最大化的均衡條件是:如果消費者的貨幣收入水平是固定的,市場上各種商品的價格是已知的,那麼,消費者應該使自己所購買的各種商品的邊際效用與價格之比相等。或者說,消費者應使自己花費在各種商品購買上的最后一元錢所帶來的邊際效用相等。

假定:消費者用既定的收入 I 購買 n 種商品。P_1、P_2、…、P_n 分別為 n 種商品的既定價格,λ 為不變的貨幣的邊際效用,X_1、X_2、…、X_n 分別表示 n 種商品的數量,MU_1、MU_2、…、MU_n 分別表示 n 種商品的邊際效用,則上述的消費者效用最大化的均衡條件

可以用公式表示為：

$$P_1X_1+P_2X_2+\cdots+P_nX_n=I \tag{3.3}$$

$$\frac{MU_1}{P_1}=\frac{MU_2}{P_2}=\cdots=\frac{MU_n}{P_n}=\lambda \tag{3.4}$$

公式（3.3）是限制條件；公式（3.4）是在限制條件下消費者實現效用最大化的均衡條件。公式（3.4）表示消費者應選擇最優的商品組合，使得自己花費在各種商品上的最后一元錢所帶來的邊際效用相等，且等於貨幣的邊際效用。

4. 需求曲線的推導

商品的需求價格是指消費者在一定時期內對一定量的某種商品所願意支付的最高價格。基數效用論者認為，商品的需求價格取決於商品的邊際效用。具體地說，如果某一單位的某種商品的邊際效用越大，則消費者為購買這一單位的該種商品所願意支付的最高價格就越高；反之，如果某一單位的某種商品的邊際效用越小，則消費者為購買這一單位的該種商品所願意支付的最高價格就越低。由於邊際效用遞減規律的作用，隨著消費者對某一種商品消費量的連續增加，該商品的邊際效用是遞減的，相應地，消費者為購買這種商品所願意支付的最高價格即需求價格也是越來越低的。這意味著，建立在邊際效用遞減規律上的需求曲線是向右下方傾斜的。

進一步地，聯繫消費者效用最大化的均衡條件進行分析，考慮消費者購買一種商品的情況，那麼，上述的消費者均衡條件可以寫為：

$$\frac{MU}{P}=\lambda \tag{3.5}$$

它表示：消費者對任何一種商品的最優購買量應該是使最后一元錢購買該商品所帶來的邊際效用和所付出的這一元錢的貨幣的邊際效用相等。該公式還可以解釋為：由於對於任何一種商品來說，隨著需求量的不斷增加，邊際效用 MU 是遞減的，於是，為了保證（3.5）式均衡條件的實現，在貨幣的邊際效用不變的前提下，商品的需求價格 p 必然同比例隨 MU 的遞減而遞減。仍以前面的表 3-1 為例來說明：假定表中的 $\lambda=2$，為了實現 $\frac{MU}{P}=\lambda$ 的均衡條件，當商品的消費量為 1 時，邊際效用為 10，則消費者為購買第 1 單位的商品所願意支付的最高價格為 5（即 10÷2 = 5）。當商品的消費量增加為 2 時，邊際效用遞減為 8，則消費者為購買第 2 單位的商品所願意支付的最高價格也同比例地降為 4（即 8÷2 = 4），……直至商品的消費量增加為 5 時，邊際效用進一步遞減為 2，消費者為購買第 5 單位的商品所願意支付的最高價格降為 1（即 2÷2 = 1）。顯然，商品的需求價格同比例隨 MU 的遞減而遞減。

圖 3-2 中的橫軸表示商品的數量，縱軸表示商品的價格，需求曲線 $Q_d=f(P)$ 是向右下方傾斜的。它表示：商品的需求量隨商品的價格的上升而減少，隨著商品的價格的下降而增加，即商品的需求量與商品的價格成反方向的變動。

運用邊際效用遞減規律的假定和消費者效用最大化的均衡條件，推導出了單個消費者的需求曲線，同時解釋了需求曲線向右下方傾斜的原因，而且說明了需求曲線上的每一點都是滿足消費者效用最大化均衡條件的商品的價格—需求量組合點。

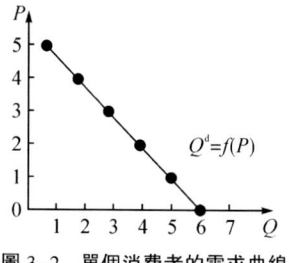

圖 3-2　單個消費者的需求曲線

5. 消費者剩余

在消費者購買商品時，消費者對每一單位商品所願意支付的最高價格取決於這一單位商品的邊際效用。由於商品的邊際效用是遞減的，所以消費者對某種商品所願意支付的最高價格是逐步下降的。但是，消費者對每一單位商品所願意支付的最高價格並不等於該商品在市場上的實際價格。事實上，消費者在購買商品時是按實際的市場價格支付的。於是，在消費者願意支付的最高價格和實際的市場價格之間就產生了一個差額，這個差額便構成了消費者剩余的基礎。例如：某種漢堡包的市場價格為 3 元，某消費者在購買第一個漢堡包時，根據這個漢堡包邊際效用，他認為值得付 5 元去購買這個漢堡包，即他願意支付的最高價格為 5 元。於是當這個消費者以市場價格 3 元購買這個漢堡包時，就創造了額外的 2 元的剩余。在以后的購買過程中，隨著漢堡包的邊際效用遞減，他為購買第二個、第三個、第四個漢堡包所願意支付的最高價格分別遞減為 4.50 元、4.00 元和 3.50 元。這樣，他為購買 4 個漢堡包所願意支付的最高總金額為 5.00 元+4.50 元+4.00 元+3.50 元=17 元。但他實際按市場價格支付的總金額為 3.00 元×4＝12 元。兩者的差額＝17 元－12 元＝5 元，這個差額就是消費者剩余。因此他認為購買 4 個漢堡包是值得的，是能使自己的狀況得到改善的。由此可見，消費者剩余是消費者在購買一定數量的某種商品時願意支付的最高總價格和實際支付的總價格之間的差額。

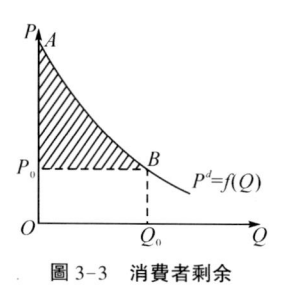

圖 3-3　消費者剩余

消費者剩余可以用幾何圖形來表示。簡單地說，消費者剩余可以用消費者需求曲線以下、市場價格線之上的面積來表示，如圖 3-3 中的陰影部分面積所示。具體地看，在圖 3-3 中，需求曲線以反需求函數的形式 $P^d=f(Q)$ 給出，它表示消費者對每一單位商品所願意支付的最高價格。假定該商品的市場價格為 P_0，消費者的購買量為 Q_0。那麼，根據消費者剩余的定義，我們可以推斷，在產量 O 到 Q_0 區間需求曲線下的面積表示消費者為購買 Q_0 數量的商品所願意支付的最高總金額（即總價格），即相當於圖中的面積 $OABQ_0$；而實際支付的總金額（即總價格）等於市場價格 P_0 乘以購買量 Q_0，即相當於圖

中的矩形面積 OP₀BQ₀。這兩塊面積的差額即圖中的陰影部分面積 P₀AB，就是消費者剩余。

消費者剩余也可以用數學公式來表示。令反需求函數為 $P^d=f(Q)$，價格為 P_0 時的消費者的需求量為 Q_0，則消費者剩余為：

$$CS=\int_0^{Q_0} f(Q)\,dQ - P_0Q_0 \qquad (3.6)$$

式中，CS 為消費者剩余的英文簡寫，式子右邊的第一項即積分項表示消費者願意支付的最高總金額，第二項表示消費者實際支付的總金額。

總結指出，消費者剩余是消費者的主觀心理估價，它反應消費者通過購買和消費商品所感受到的狀態的改善。因此，消費者剩余通常被用來度量和分析社會福利問題。

第二節　無差異曲線

無差異曲線是表示兩種商品或兩組商品的不同數量的組合對消費者所提供的效用是相同的，如果聽任消費者對曲線上的點作選擇，那麼，所有的點對他都是同樣可取的，因為任一點所代表的組合給他所帶來的滿足都是無差異的。

一、關於偏好的假定

所謂偏好，就是愛好或喜歡的意思。序數效用論者認為，對於各種不同的商品組合，消費者的偏好程度是有差別的，正是這種偏好程度的差別，反應了消費者對這些不同的商品組合的效用水平的評價。

序數效用論者提出了關於消費者偏好的三個基本假定：

第一個假定是偏好的完全性。偏好的完全性指消費者總是可以比較和排列所給出的不同商品組合。例如，對於任何兩個商品組合 A 和 B，消費者總是可以作出，而且也僅僅只能作出以下三種判斷中的一種：對 A 的偏好大於對 B 的偏好；或者對 B 的偏好大於對 A 的偏好；或者對 A 和 B 的偏好相同（即 A 和 B 是無差異的）。偏好的完全性的假定保證消費者對於偏好的表達方式是完備的，消費者總是可以把自己的偏好評價準確地表達出來。

第二個假定是偏好的可傳遞性。可傳遞性指對於任何三個商品組合 A、B 和 C，如果消費者對 A 的偏好大於對 B 的偏好，對 B 的偏好大於對 C 的偏好，那麼，在 A、C 這兩個組合中，消費者必定有對 A 的偏好大於對 C 的偏好。偏好的可傳遞性假定保證了消費者偏好的一致性，因而也是理性的。

第三個假定是偏好的非飽和性。該假定指如果兩個商品組合的區別僅在於其中一種商品的數量不相同，那麼，消費者總是偏好於含有這種商品數量較多的那個商品組合。這就是說消費者對每一種商品的消費都沒有達到飽和點，或者說，對於任何一種商品，消費者總是認為數量多比數量少好。此外，這個假定還意味著，消費者認為值得擁有的商品都是「好的東西」（Goods），而不是「壞的東西」（Bads）。在這裡，「壞的東西」指諸如空氣污染、噪音等只能給消費者帶來負效用的東西。在我們以後的分析中，不涉及「壞的東西」。

二、無差異曲線及其特點

無差異曲線是用來表示消費者偏好相同的兩種商品的所有組合的。它表示能夠給消費者帶來相同的效用水平或滿足程度的兩種商品的所有組合。如果兩種商品不僅可以相互替代，並且能夠無限可分，則消費者可以通過兩種商品的此消彼長的不同組合來達到同等的滿足程度。假定某個消費者按既定的價格購買兩種商品 X 和 Y，他購買 3 單位商品 X 和 2 單位商品 Y 或者 2 單位商品 X 和 3 單位商品 Y 所帶來的滿足是相同的。那麼，這兩種配合中任一種對這個消費者來說，都是無差異的。事實上，這個消費者在購買 X 和 Y 兩種商品的過程中，會產生一系列無差異配合，形成無差異表。X 和 Y 兩種商品的各種組合如表 3-2 所示。

表 3-2　　　　　　　　　　　某消費者的無差異表

組合方式	X	Y	組合方式	X	Y
A	1	6	C	3	2
B	2	3	D	4	1.5

將表 3-2 中關於 X、Y 的不同數量組合在平面坐標上，用對應的各點表示，然后連接起來，就得到一條無差異曲線 I。具體如圖 3-4 所示。

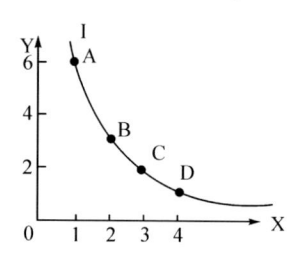

圖 3-4　某消費者的無差異曲線

無差異曲線表明，此線上的任何一點所代表的兩種物品的不同組合所提供的總效用或總滿足水平都是相等的，因此消費者願意選擇其中任何一種組合。

圖 3-4 中的橫軸和縱軸分別表示商品 X、Y 的消費數量，I 這條無差異曲線表示給消費者帶來相同滿足程度的兩種商品 X、Y 的不同組合 A、B、C、D 的軌跡。

在此，我們再進一步引入效用函數的概念。效用函數表示某一商品組合給消費者所帶來的效用水平。假定消費者只消費兩種商品，則效用函數為：

$$U = f(X_1, X_2) \tag{3.6}$$

式中，X_1 和 X_2 分別為兩種商品的數量；U 為效用水平。在此基礎上，與無差異曲線相對應的效用函數為：

$$U = f(X_1, X_2) = U^0 \tag{3.7}$$

式中，U^0 為一個常數，表示一個不變的效用水平。該效用函數有時也被稱為等效用函數。

無差異曲線具有以下三個基本特徵：

第一個特徵，在同一坐標平面上任何兩條無差異曲線不會相交。假設兩條無差異曲線相交，那麼交點同時在兩條無差異曲線上。由於不同的無差異曲線表示不同的滿足程度，這就意味著交點所代表的同一個商品組合對於有一定偏好的同一個消費者來說存在兩種不同的滿足程度，這與無差異曲線的定義相背離。因此，在同一平面上，任何兩條無差異曲線不相交。

這可以用圖 3-5 來說明。

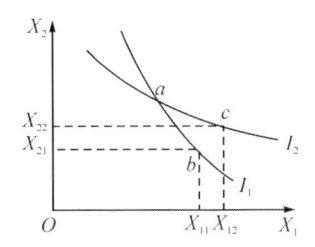

圖 3-5 違反偏好個定的無差異曲線

圖 3-5 中，兩條無差異曲線相交於 a 點，這種畫法是錯誤的。其理由在於：根據無差異曲線的定義，由無差異曲線 I_1 可得 a、b 兩點的效用水平是相等的，由無差異曲線 I_2 可得 a、c 兩點的效用水平是相等的。於是，根據偏好可傳遞性的假定，必定有 b 和 c 這兩點的效用水平是相等的。但是，觀察和比較圖中 b 和 c 這兩點的商品組合可以發現，c 組合中的每一種商品的數量都多於 b 組合，於是，根據偏好的非飽和性假定，必定有 c 點的效用水平大於 b 點的效用水平。這樣一來，矛盾產生了：該消費者在認為 b 點和 c 點無差異的同時，又認為 c 點要優於 b 點，這就違背了偏好的完全性假定。由此證明：對於任何一個消費者來說，兩條無差異曲線相交的畫法是錯誤的。

第二個特徵，無差異曲線是凸向原點的。這就是說，無差異曲線不僅向右下方傾斜，即無差異曲線的斜率為負值，而且，無差異曲線是以凸向原點的形狀向右下方傾斜的，即無差異曲線的斜率的絕對值是遞減的。為什麼無差異曲線具有凸向原點的特徵呢？這取決於商品的邊際替代率遞減規律。

第三個特徵，對較高的無差異曲線的偏好大於較低無差異曲線的偏好。在同一平面上的無數條無差異曲線中，越靠近原點的效用水平越低，而離原點越遠的效用水平越高。消費者通常對東西多的偏好大於東西少的，所以無差異曲線離原點越遠，其所代表的效用水平越高。在圖 3-6 中 I_1、I_2、I_3 代表三條不同的無差異曲線，並且效用水平為 $I_1 < I_2 < I_3$。

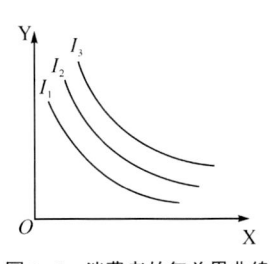

圖 3-6 消費者的無差異曲線

三、商品的邊際替代率

1. 商品的邊際替代率

兩種商品的數量組合會不斷地發生變化，而效用水平卻保持不變。這就說明，在維持效用水平不變的前提條件下，消費者在增加一種商品的消費數量的同時，必然會放棄一部分另一種商品的消費數量，即兩種商品的消費數量之間存在著替代關係。由此，經濟學家建立了商品的邊際替代率（英文縮寫為 MRS）的概念。在維持效用水平不變的前提下，消費者增加一單位某種商品的消費數量時所需要放棄的另一種商品的消費數量，被稱為商品的邊際替代率。商品 X 對商品 Y 的邊際替代率的定義公式為：

商品 X 對商品 Y 的邊際替代率公式為：

$$MRS_{XY} = -\frac{\Delta Q_Y}{\Delta Q_X} = -\lim_{\Delta Q_X \to 0} \frac{\Delta Q_Y}{\Delta Q_X} = -\frac{dQ_Y}{dQ_X} \tag{3.8}$$

其中 ΔQ_X 和 ΔQ_Y 表示商品 X 和商品 Y 的變化量。由於 ΔQ_X 是增加量，而 ΔQ_Y 是減少量，故二者符號肯定相反，為了使 MRS_{XY} 結果為正就增加一個負號。

2. 商品的邊際替代率遞減規律

商品的邊際替代率遞減規律是指：在維持效用水平不變的前提下，隨著一種商品的消費數量的連續增加，消費者為得到每一單位的這種商品所需要放棄的另一種商品的消費數量是遞減的。

發生商品的邊際替代率遞減規律的原因在於：隨著一種商品的消費數量的逐步增加，消費者想要獲得更多的這種商品的願望就會遞減，從而，他為了多獲得一單位的這種商品而願意放棄的另一種商品的數量就會越來越少。

從幾何意義上講，由於商品的邊際替代率就是無差異曲線的斜率的絕對值，所以，邊際替代率遞減規律決定了無差異曲線的斜率的絕對值是遞減的，即無差異曲線是凸向原點的。

第三節　預算線

一、預算線的含義

預算線（Budget Line）指在既定價格水平下，消費者用給定的收入可能購買的各種商品組合點的軌跡。有時稱其為預算約束（Budget Constraint）或者消費可能線、價格線。假定某消費者的一筆收入為 120 元，全部用來購買商品 1 和商品 2。其中，商品 1 的價格 P_1 = 4 元，商品 2 的價格 P_2 = 3 元。那麼，全部收入都用來購買商品 1 可得 30 單位，全部收入用來購買商品 2 可得 40 單位。由此作出的預算線為圖 3-7 中的線段 AB。

圖 3-7 中預算線的橫截距 OB 和縱截距 OA 分別表示全部收入用來購買商品 1 和商品 2 的數量。預算線的斜率是兩商品的價格之比的相反數即 $-\frac{P_1}{P_2}$。預算線的斜率可以寫為：

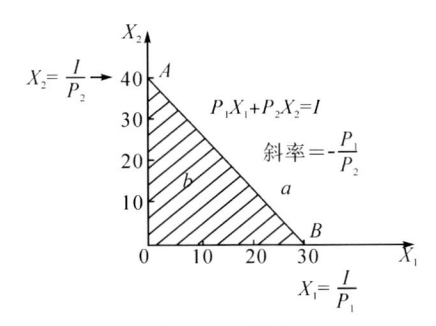

圖 3-7　預算線

$$-\frac{OA}{OB} = -\frac{\frac{120}{P_2}}{\frac{120}{P_1}} = -\frac{P_1}{P_2}$$

下面，我們由以上的具體例子轉向對預算線的一般分析。

假定以 I 表示消費者的既定收入，以 P_1 和 P_2 分別表示商品 1 和商品 2 的價格，以 X_1 和 X_2 分別表示商品 1 和商品 2 的數量，那麼，相應的預算等式為：

$$P_1X_1+P_2X_2=I \tag{3.9}$$

該式表示：消費者的全部收入等於他購買商品 1 和商品 2 的總支出。而且，可以用 $\frac{I}{P_1}$ 和 $\frac{I}{P_2}$ 來分別表示全部收入僅購買商品 1 或商品 2 的數量，它們分別表示預算線的橫截距和縱截距。此外，（3.9）式可以改寫成如下形式：

$$X_2=-\frac{P_1}{P_2}X_1+\frac{I}{P_2} \tag{3.10}$$

（3.10）式的預算線方程告訴我們，預算線的斜率為 $-\frac{P_1}{P_2}$，縱截距為 $\frac{I}{P_2}$。

除此之外，從圖 3-7 中還可以看到，預算線 AB 把平面坐標圖劃分為三個區域：預算線 AB 以外的區域中的任何一點，如 a 點，是消費者利用全部收入都不可能實現的商品購買的組合點。預算線 AB 以內的區域中的任何一點，如 b 點，表示消費者的全部收入在購買該點的商品組合以後還有剩餘。唯有預算線 AB 上的任何一點，才是消費者的全部收入剛好花完所能購買到的商品組合點。

二、預算線的變動

預算線的變動可以歸納為以下四種情況：

第一種情況：兩種商品的價格 P_1 和 P_2 不變，消費者的收入 I 發生變化。這時，相應的預算線的位置會發生平移。其理由是，P_1 和 P_2 不變，意味著預算線的斜率 $-\frac{P_1}{P_2}$ 保持不變。於是，I 的變化只能使得預算線的橫、縱截距發生變化。如圖 3-8（a）所示。

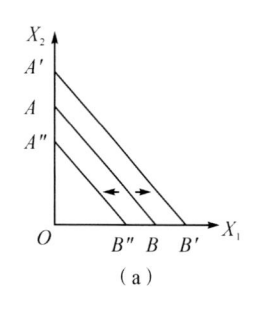

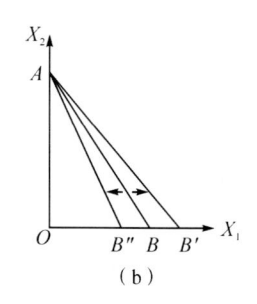

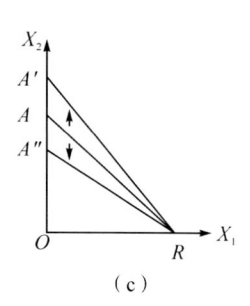

圖 3-8　預算線的變動

第二種情況：消費者的收入 I 不變，兩種商品的價格 P_1 和 P_2 同比例同方向發生變化。這時，相應的預算線的位置也會發生平移。其理由是，P_1 和 P_2 同比例同方向的變化，並不影響預算線的斜率 $-\dfrac{P_1}{P_2}$，而只能使預算線的橫、縱截距發生變化。如圖 3-8（b）所示。

第三種情況：當消費者的收入 I 不變，商品 1 的價格 P_1 發生變化而商品 2 的價格 P_2 保持不變。這時，預算線的斜線 $-\dfrac{P_1}{P_2}$ 會發生變化，預算線的橫截距 $\dfrac{I}{P_1}$ 也會發生變化，但是，預算線的縱截距 $\dfrac{I}{P_2}$ 保持不變。具體如圖 3-8（c）所示。

第四種情況：消費者的收入 I 與兩種商品的價格 P_1 和 P_2 都同比例同方向發生變化。這時預算線不發生變化。其理由是，此時預算線的斜率 $-\dfrac{P_1}{P_2}$ 以及預算線的橫截距和縱截距都不會發生變化。它表示消費者的全部收入用來購買任何一種商品的數量都未發生變化。

第四節　消費者均衡

消費者均衡是研究單個消費者在既定收入條件下實現效用最大化的均衡條件。消費者均衡是消費者行為理論的核心。

消費者均衡實現的假設條件：

（1）消費者的偏好既定。這就是說，消費者對各種物品效用的評價是既定的，不會發生變動。也就是說消費者在購買物品時，對各種物品購買因需要程度不同，排列的順序是固定不變的。比如一個消費者到商店中去買鹽、電池和點心，在去商店之前，對商品購買的排列順序是鹽、電池、點心，這一排列順序到商店后也不會發生改變。這就是說先花第一元錢購買商品時，買鹽在消費者心目中的邊際效用最大，電池次之，點心排在最后。

（2）消費者的收入既定，最優的商品購買組合必須位於給定的預算線上。由於貨幣收入是有限的，貨幣可以購買一切物品，所以貨幣的邊際效用不存在遞減問題。因為收入有限，需要用貨幣購買的物品很多，但不可能全部都買，只能買自己認為最重要的幾種。因為每一元貨幣的功能都是一樣的，在購買各種商品時最后多花的每一元錢都應該為自己增加同樣的滿足程度，否則消費者就會放棄不符合這一條件的購買量組合，而選擇自己認為

更合適的購買量組合。

（3）物品的價格既定。由於物品價格既定，消費者就要考慮如何把有限的收入分配於各種物品的購買與消費上，以獲得最大效用。由於收入固定，物品價格相對不變，消費者用有限的收入能夠購買的商品所帶來的最大的滿足程度也是可以計量的。因為滿足程度可以比較，所以對於商品的不同購買量組合所帶來的總效用可以進行主觀上的分析評價。

下面，利用圖 3-9 來具體說明消費者的最優購買行為。

假定消費者的偏好給定，再假定消費者的收入和兩種商品的價格給定，那麼，消費者應該如何選擇最優的商品組合，以獲得最大的效用呢？認真考慮一下這個問題，可以得到以下兩點：第一，消費者偏好給定的假定，意味著給定了一個由該消費者的無數條無差異曲線所構成的無差異曲線簇。為了簡化分析，我們從中取出三條，這便是圖 3-9 中三條無差異曲線 U_1、U_2 和 U_3 的由來。第二，消費者的收入和兩種商品的價格給定的假定，意味著給定了該消費者一條預算線，這便是圖 3-9 中唯一的一條預算線 AB 的由來。

然後，在圖 3-9 中找出該消費者實現效用最大化的最優商品組合。圖 3-9 中的一條預算線和三條無差異曲線中，只有預算線 AB 和無差異曲線 U_2 的相切點 E，才是消費者在給定的預算約束下能夠獲得最大效用的均衡點。在均衡點 E 正處，相應的最優購買組合為 (X_1^0, X_2^0)。

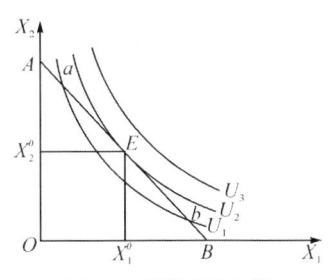

圖 3-9 消費者的均衡

為什麼唯有 E 點才是消費者效用最大化的均衡點呢？這是因為，就無差異曲線 U_3 來說，雖然它代表的效用水平高於無差異曲線 U_2，但它與既定的預算線 AB 既無交點又無切點。這說明消費者在既定的收入水平下無法實現無差異曲線 U_3 上的任何一點的商品組合的購買。就無差異曲線 U_1 來說，雖然它與既定的預算線 AB 相交於 a、b 兩點，這表明消費者利用現有收入可以購買 a、b 兩點的商品組合。但是，這兩點的效用水平低於無差異曲線 U_2，因此，理性的消費者不會用全部收入去購買無差異曲線 U_1 上 a、b 兩點的商品組合。事實上，就 a 點和 b 點來說，若消費者能改變購買組合，選擇 AB 線段上位於 a 點右邊或 b 點左邊的任何一點的商品組合，則都可以達到比 U_1 更高的無差異曲線，以獲得比 a 點和 b 點更大的效用水平。這種沿著 AB 線段由 a 點往右和由 b 點往左的運動，最后必定在 E 點達到均衡。顯然，只有當既定的預算線 AB 和無差異曲線 U_2 相切於 E 點時，消費者才在既定的預算約束條件下獲得最大的滿足。故 E 點就是消費者實現效用最大化的均衡點。

最后，找出消費者效用最大化的均衡條件。在切點 E，無差異曲線和預算線兩者的斜率是相等的。我們已經知道，無差異曲線的斜率的絕對值就是商品的邊際替代率 MRS_{12}，預算線的斜率的絕對值可以用兩種商品的價格之比 $\dfrac{P_1}{P_2}$ 來表示。

由此，在均衡點 E 有：

$$\text{MRS}_{12} = \frac{P_1}{P_2} \tag{3.11}$$

這就是消費者效用最大化的均衡條件。它表示：在一定的預算約束下，為了實現最大的效用，消費者應該選擇最優的商品組合，使得兩商品的邊際替代率等於兩商品的價格之比。也可以這樣理解：在消費者的均衡點上，消費者願意用一單位的某種商品去交換的另一種商品的數量（即 MRS_{12}），應該等於該消費者能夠在市場上用一單位的這種商品去交換得到的另一種商品的數量（即 $\frac{P_1}{P_2}$）。

第五節 價格變化和收入變化對消費者均衡的影響

一、價格變化：價格—消費曲線

在其他條件均保持不變時，一種商品價格的變化會使消費者效用最大化的均衡點的位置發生移動，並由此可以得到價格—消費曲線。價格—消費曲線是在消費者的偏好、收入以及其他商品價格不變的條件下，與某一種商品的不同價格水平相聯繫的消費者效用最大化的均衡點的軌跡。具體以圖 3-10 來說明價格—消費曲線的形成。

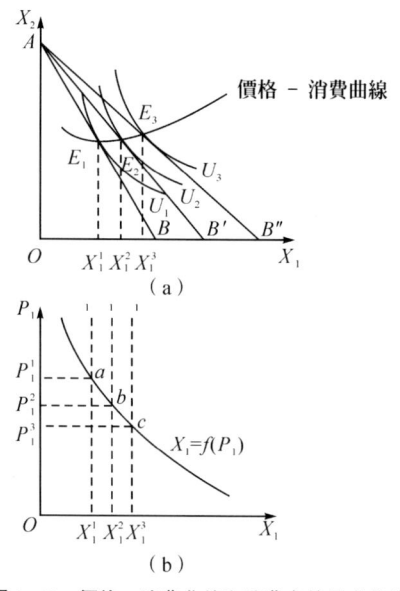

圖 3-10 價格—消費曲線和消費者的需求曲線

在圖 3-10 中，假定商品 1 的初始價格為 P_1^1，相應的預算線為 AB，它與無差異曲線 U_1 相切於效用最大化的均衡點 E_1。如果商品 1 的價格由 P_1^1 下降為 P_1^2，相應的預算線由 AB 移至 AB'，於是，AB' 與另一種較高無差異曲線 U_2 相切於均衡點 E_2。如果商品 1 的價格再

由 P_1^2 繼續下降為 P_1^3，相應的預算線由 AB′ 移至 AB″，於是，AB″ 與另一條更高的無差異曲線 U_3 相切於均衡點 E_3……不難發現，隨著商品 1 的價格的不斷變化，可以找到無數個諸如 E_1、E_2 和 E_3 那樣的均衡點，它們的軌跡就是價格—消費曲線。

二、消費者的需求曲線

由消費者的價格—消費曲線可以推導出消費者的需求曲線。

分析圖 3-10（a）中價格—消費曲線上的三個均衡點 E_1、E_2 和 E_3，可以看出，在每一個均衡點上，都存在著商品 1 的價格與商品 1 的需求量之間一一對應的關係。根據商品 1 的價格和需求量之間的這種對應關係，把每一個 P_1 數值和相應的均衡點上的 X_1 數值繪製在商品的價格—數量坐標圖上，便可以得到單個消費者的需求曲線。這便是圖 3-10（b）中的需求曲線 $X_1=f(P_1)$。在圖（b）中，橫軸表示商品 1 的數量 X_1，縱軸表示商品 1 的價格 P_1。圖（b）中需求曲線 $X_1=f(P_1)$ 上的 a、b、c 點分別和圖（a）中的價格—消費曲線上的均衡點 E_1、E_2、E_3 相對應。

至此，本節介紹了序數效用論者如何從對消費者經濟行為的分析中推導出消費者的需求曲線。由圖 3-10 可見，序數效用論者所推導的需求曲線一般是向右下方傾斜的，它表示商品的價格和需求量成反方向變化。需求曲線上與每一價格水平相對應的商品需求量都是可以給消費者帶來最大效用的均衡數量。

三、收入變化：收入—消費曲線

在其他條件不變而僅有消費者的收入水平發生變化時，也會改變消費者效用最大化的均衡量的位置，並由此可以得到收入—消費曲線。收入—消費曲線是在消費者的偏好和商品的價格不變的條件下，與消費者的不同收入水平相聯繫的消費者效用最大化的均衡點的軌跡。

以圖 3-11 來具體說明收入—消費曲線的形成。

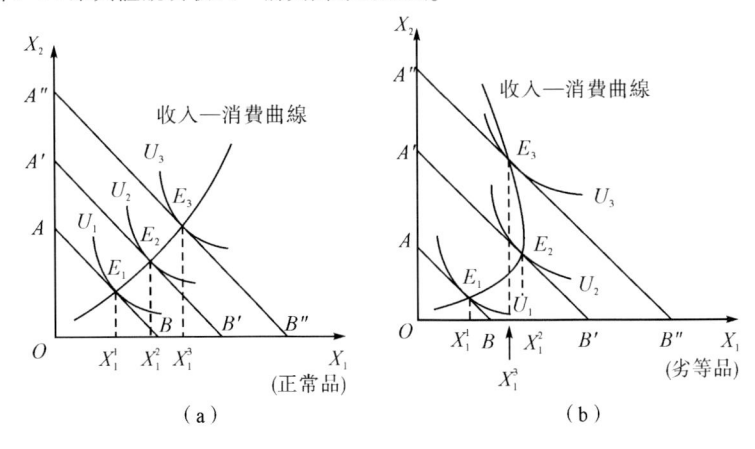

圖 3-11　收入—消費曲線

在圖 3-10（a）中，隨著收入水平的不斷增加，預算線由 AB 移至 A′B′，再移至 A″B″，

於是，形成了三個不同收入水平下的消費者效用最大化的均衡點 E_1、E_2 和 E_3。如果收入水平的變化是連續的，則可以得到無數個這樣的均衡點的軌跡，這便是圖 3-10（a）中的收入—消費曲線。圖 3-10（a）中的收入—消費曲線是向右上方傾斜的，它表示，隨著收入水平的增加，消費者對商品 1 和商品 2 的需求量都是上升的，所以，圖（a）中的兩種商品都是正常品。

在圖 3-10（b）中，採用與圖 3-10（a）中相類似的方法，隨著收入水平的連續增加，描繪出了另一條收入—消費曲線。但是圖 3-10（b）中的收入—消費曲線是向后彎曲的，它表示，隨著收入水平的增加，消費者對商品 1 的需求量開始是增加的，但當收入上升到一定水平之後，消費者對商品 1 的需求量反而減少了。這說明，在一定的收入水平上，商品 1 由正常品變成了劣等品。我們可以在日常經濟生活中找到這樣的例子。譬如，對某些消費者來說，在收入水平較低時，土豆是正常品；而在收入水平較高時，土豆就有可能成為劣等品。因為，在他們變得較富裕的時候，他們可能會減少對土豆的消費量，而增加對其他肉類與食物的消費量。

四、恩格爾曲線

由消費者的收入—消費曲線可以推導出消費者的恩格爾曲線。

恩格爾曲線表示消費者在每一收入水平對某商品的需求量。與恩格爾曲線相對應的函數關係為 $X=f(I)$。其中，I 為收入水平，X 為某種商品的需求量。圖 3-13 中的收入—消費曲線反應了消費者的收入水平和商品的需求量之間存在著一一對應的關係。以商品 1 為例，當收入水平為 I_1 時，商品 1 的需求量為 X_1^1；當收入水平增加為 I_2 時，商品 1 的需求量增加為 X_1^2；當收入水平再增加為 I_3 時，商品 1 的需求量變動為 X_1^3；……把這種一一對應的收入和需求量的組合描繪在相應的平面坐標圖中，便可以得到相應的恩格爾曲線，如圖 3-12 所示。

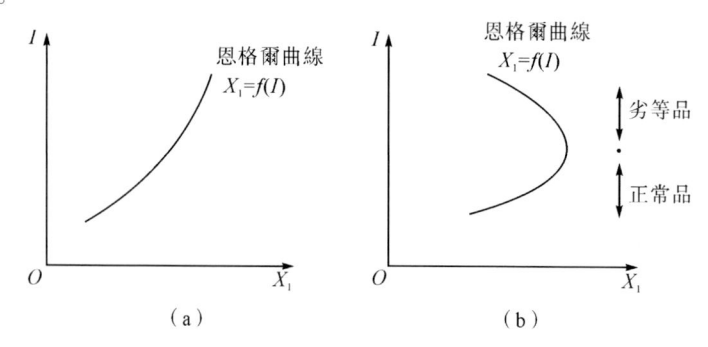

圖 3-12　恩格爾曲線

圖 3-11（a）和圖 3-12（a）是相對應的，圖中的商品 1 是正常品，商品 1 的需求量 X_1 隨著收入水平 I 的上升而增加。圖 3-11（b）和圖 3-12（b）是相對應的，在一定的收入水平上，圖中的商品 1 由正常品轉變為劣等品。或者說，在較低的收入水平範圍，商品 1 的需求量與收入水平同方向變動；在較高的收入水平範圍，商品 1 的需求量與收入水平反方向變動。

五、恩格爾定律

19世紀德國統計學家恩格爾根據統計資料，發現消費結構的變化有一個規律：一個家庭的收入越少，家庭收入中（或總支出中）用來購買食物的支出所占的比例就越大，隨著家庭收入的增加，家庭收入中（或總支出中）用來購買食物的支出份額則會下降。推而廣之，一個國家越窮，每個國民的平均收入中（或平均支出中）用於購買食物的支出所占比例就越大，隨著國家走向富強，這個比例呈下降趨勢。即隨著家庭收入的增加，購買食物的支出比例則會下降。

第六節　替代效應和收入效應

一種商品價格的變化會引起該商品的需求量的變化，這種變化可以被分解為替代效應和收入效應兩個部分。本節將分別討論正常物品和低檔物品的替代效應和收入效應，並以此進一步說明這兩類物品的需求曲線的形狀特徵。

一、替代效應和收入效應的含義

一種商品的名義價格（Nominal Price）發生變化后，將同時對商品的需求量發生兩種影響：一種是因該種商品名義價格變化，而導致的消費者所購買的商品組合中，該商品與其他商品之間的替代，稱為替代效應（Substitution Effect）；另一種是在名義收入不變的條件下，因一種商品名義價格變化，而導致消費者實際收入變化，而導致的消費者所購商品總量的變化，稱為收入效應（Income Effect）。

二、正常物品的替代效應和收入效應

以圖3-13為例分析正常物品價格下降時的替代效應和收入效應。

圖3-13中的橫軸OX_1和縱軸OX_2分別表示商品1和商品2的數量，其中，商品1是正常物品。在商品價格變化之前，消費者的預算線為AB，該預算線與無差異曲線U_1相切於a點，a點是消費者效用最大化的一個均衡點。在a均衡點上，相應的商品1的需求量為OX_1。現假定商品1的價格P_1下降使預算線的位置由AB移至AB'。新的預算線AB'，與另一條代表更高效用水平的無差異曲線U_2相切於b點，b點是商品1的價格下降以後的消費者的效用最大化的均衡點。在b均衡點上，相應的商品1的需求量為OX_1''。比較a、b兩個均衡點，商品1的需求量的增加量為$X_1'X_1''$，這便是商品1的價格P_1下降所引起的總效應。這個總效應可以被分解為替代效應和收入效應兩個部分。

先分析替代效應。在圖3-13中，由於商品1的價格P_1下降，消費者的效用水平提高了，消費者的新的均衡點b不是在原來的無差異曲線U_1上而是在更高的無差異曲線U_2上。為了得到替代效應，必須剔除實際收入水平變化的影響，使消費者回到原來的無差異曲線

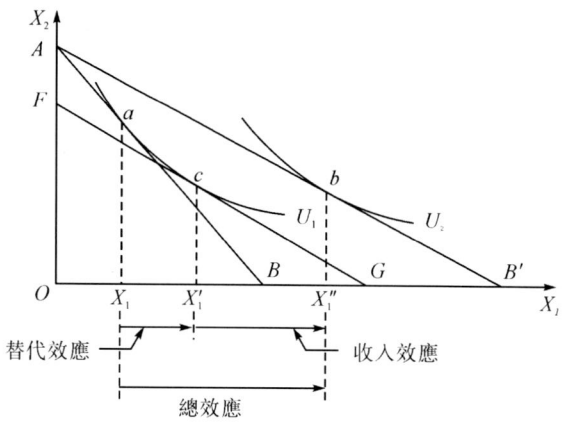

圖 3-13 正常商品的替代效應和收入效應

U_1 上。要做到這一點，需要利用補償預算線這一分析工具。

當商品的價格發生變化引起消費者的實際收入水平發生變化時，補償預算線是用來表示以假設的貨幣收入的增減來維持消費者的實際收入水平不變的一種分析工具。具體地說，在商品價格下降引起消費者的實際收入水平提高時，假設可以取走消費者的一部分貨幣收入，以使消費者的實際收入維持原有的水平，則補償預算線在此就可以用來表示使消費者的貨幣收入下降到只能維持原有的無差異曲線的效用水平（即原有的實際收入水平）這一情況。相反，在商品價格上升引起消費者的實際收入水平下降時，假設可以對消費者的損失給予一定的貨幣收入補償，以使消費者的實際收入維持原有的水平，則補償預算線在此就可以用來表示使消費者的貨幣收入提高到得以維持原有的無差異曲線的效用水平（即原有的實際收入水平）這一情況。

為了剔除實際收入水平變化的影響，使消費者能夠回到原有的無差異曲線 U_1 上去，其具體的做法是：作一條平行於預算線 AB 且與無差異曲線 U_1 相切的補償預算線 FG。這種做法的含義是：補償預算線 FG 與無差異曲線 U_1 相切，表示假設的貨幣收入的減少（用預算線的位置由 AB，向左平移到 FO 表示）剛好能使消費者回到原有的效用水平。補償預算線 FG 與預算線 AB′平行，則以這兩條預算線的相同斜率，表示商品1價格和商品2價格的一個相同的比值 $\dfrac{P_1}{P_2}$，而且，這個商品的相對價格 $\dfrac{P_1}{P_2}$ 是商品1的價格 P_1 變化以後的相對價格。補償預算線 FG 與無差異曲線 U_1 相切於均衡點 c，與原來的均衡點 a 相比，需求量的增加量為 X_1X_1'，這個增加量就是在剔除了實際收入水平變化影響以後的替代效應。

進一步地，就預算線 AB 和補償預算線 FG 而言，它們分別與無差異曲線 U_1 相切於 a、c 兩點，但斜率卻是不相等的。預算線 AB 的斜率絕對值大於補償預算線 FG。由此可以推知，預算線 AB 所表示的商品的相對價格 $\dfrac{P_1}{P_2}$ 大於補償預算線 FG 所表示的，顯然，這是由於 P_1 下降而 P_2 不變所引起的。在這種情況下，當預算線由 AB 移至 FG 時，隨著商品的相對價格 $\dfrac{P_1}{P_2}$ 的變小，消費者為了維持原有的效用水平，其消費必然會沿著既定的無差異曲線

U_1，由 a 點下滑到 c 點，增加對商品 1 的購買而減少對商品 2 的購買，即用商品 1 去替代商品 2。於是，由 a 點到 c 點的商品 1 的需求量的增加量 X_1X_1'，便是 P_1 下降的替代效應。它顯然歸因於商品相對價格的變化，它不改變消費者的效用水平。在這裡，P_1 下降所引起的需求量的增加量 X_1X_1'，是一個正值，即替代效應的符號為正。也就是說，正常物品的替代效應與價格成反方向的變動。

再分析收入效應。收入效應是總效應的另一個組成部分。設想一下，把補償預算線 FG 再推回到 AB' 的位置上去，於是，消費者的效用最大化的均衡點就會由無差異曲線 U_1 上的 c 點回到無差異曲線 U_2 上的 b 點，相應的需求量的變化量 $X_1'X_1''$ 就是收入效應。這是因為，在上面分析替代效應時，是為了剔除實際收入水平的影響，才將預算線 AB' 移到補償預算線 FG 的位置。所以，當預算線由 FG 的位置再回到 AB 的位置時，相應的需求量的增加量 $X_1'X_1''$ 必然就是收入效應。收入效應顯然歸因於商品 1 的價格變化所引起的實際收入水平的變化，它改變消費者的效用水平。

在這裡，收入效應 $X_1'X_1''$ 是一個正值。這是因為，當 P_1 下降使得消費者的實際收入水平提高時，消費者必定會增加對正常物品 1 的購買。也就是說，正常物品的收入效應與價格反方向變動。

綜上所述，對於正常物品來說，替代效應與價格反方向變動，收入效應也與價格反方向變動，在它們的共同作用下，總效應必定與價格反方向變動。正因為如此，正常物品的需求曲線是向右下方傾斜的。

三、正常物品和低檔物品的區別

商品可以分為正常物品和低檔物品兩大類。正常物品和低檔物品的區別在於：正常物品的需求量與消費者的收入水平同方向變動，即正常物品的需求量隨著消費者收入水平的提高而增加，隨著消費者收入水平的下降而減少；低檔物品的需求量與消費者的收入水平反方向變動，即劣等品的情況不同於正常品。由於劣等品的需求收入彈性小於零，因而劣等品的收入效應是需求量與實際收入反方向變化。即實際收入增加，需求量減少；實際收入減少，需求量增加。

當某正常物品的價格下降（或上升）導致消費者實際收入水平提高（或下降）時，消費者會增加（或減少）對該正常物品的需求量。也就是說，正常物品的收入效應與價格反方向變動。這就是上面的結論，也是在圖 3-13 中，c 點必定落在 a、b 兩點之間的原因。而對於低檔物品來說，當某低檔物品的價格下降（或上升）導致消費者的實際收入水平提高（或下降）時，消費者會減少（或增加）對該低檔物品的需求量。也就是說，低檔物品的收入效應與價格同方向變動。

由於正常物品和低檔物品的區別不對它們各自的替代效應產生影響，所以，對於所有的商品來說，替代效應與價格都是反方向變動的。

四、低檔物品的替代效應和收入效應

對於低檔物品來說，替代效應與價格成反方向的變動，收入效應與價格成同方向的變

動，而且，在大多數的場合，收入效應的作用小於替代效應的作用，所以，總效應與價格成反方向的變動，相應的需求曲線是向右下方傾斜的。

但是，在少數的場合，某些低檔物品的收入效應的作用會大於替代效應的作用，於是，就會出現違反需求曲線向右下方傾斜的現象。這類物品就是吉芬物品。

五、吉芬物品的替代效應和收入效應

英國人吉芬於 19 世紀發現，1845 年愛爾蘭發生災荒，土豆價格上升，但是土豆需求量卻反而增加了。這一現象在當時被稱為「吉芬難題」。這類需求量與價格成同方向變動的特殊商品以後也因此被稱作吉芬物品。

吉芬物品是一種特殊的低檔物品。作為低檔物品，吉芬物品的替代效應與價格成反方向的變動，收入效應則與價格成同方向的變動。

吉芬物品的特殊性就在於：它的收入效應的作用很大，以至於超過了替代效應的作用，從而使得總效應與價格成同方向的變動。這也就是吉芬物品的需求曲線呈現出向右上方傾斜的特殊形狀的原因。

在 19 世紀中葉的愛爾蘭，購買土豆的消費支出在大多數的貧困家庭的收入中占一個較大的比例，於是，土豆價格的上升導致貧困家庭實際收入水平大幅度下降。在這種情況下，變得更窮的人們不得不大量地增加對劣等物品土豆的購買，這樣形成的收入效應是很大的，它超過了替代效應，造成了土豆的需求量隨著土豆價格的上升而增加的特殊現象。

正常物品、低檔物品和吉芬物品的替代效應和收入效應所得到的結論綜合於表 3-3。

表 3-3　　　　　　　商品價格變化所引起的替代效應和收入效應

商品類別	替代效應與價格的關係	收入效應與價格的關係	總效應與價格的關係	需求曲線的形狀
正常物品	反方向變化	反方向變化	反方向變化	向右下方傾斜
低檔物品	反方向變化	同方向變化	反方向變化	向右下方傾斜
吉芬物品	反方向變化	同方向變化	同方向變化	向右上方傾斜

【綜合案例討論】

可樂與雪碧

「好消息！現在可口可樂便宜了，我們收入的購買力增加了。實際上我們的收入相對增加了，我們比以前更富了。我們可以買更多的可口可樂和其他商品。」這是收入效應。還比如這幾年中國物價整體水平（生活資料）在下降，據有關專家估算 2002 年比三年前生活資料價格平均下降 0.3，也就是說，1999 年滿足一個家庭消費支出假定是 1000 元，三年後只需要 700 元，我們的收入變相增加了 300 元。「現在可口可樂的價格下降了，我放棄雪碧可以得到更多的可口可樂。」這是替代效應。你發現哪一種說法更有說服力？事實上，這兩種說法都有道理，可口可樂價格的下降使消費者狀況變好。可口可樂與雪碧都是正常商品，消費者把提高購買力用於這兩種商品。但同時可口可樂消費比雪碧的消費變得

更便宜了。這種替代效應使消費者選擇更多的可口可樂和更少的雪碧。

思考：請根據本案例的描述，再舉幾個你身邊關於收入效應和替代效應的例子，並進行分析。

【復習與思考】

一、名稱解釋

邊際效用

消費者均衡

消費者剩餘

無差異曲線

替代效用

收入效用

恩格爾曲線

二、選擇題

1. 經濟學中的「效用」是指（　　）。
   A. 某種商品的用處　　　　　　B. 人們從消費某種商品中得到的滿足感
   C. 人們消費商品的總成本　　　D. 人們消費商品的機會成本
2. 總效用最大時，邊際效用（　　）。
   A. 大於 0　　　　　　　　　　B. 等於 0
   C. 小於 0　　　　　　　　　　D. 不確定
3. 需求曲線向右下方傾斜表示（　　）。
   A. 商品的邊際價值低於以前購買的單位價格
   B. 商品的邊際價值高於以前購買的單位價格
   C. 隨著更多商品的買入，邊際效用遞增
   D. 買進商品越多，支付意願也越高
4. 你為某物支付的貨幣和你願意為之付出的貨幣之間的區別稱為（　　）。
   A. 總效用　　　　　　　　　　B. 邊際效用
   C. 消費者需求　　　　　　　　D. 消費者剩餘
5. 無差異曲線上某一點的邊際替代率為 1/3（設縱軸是 Y 商品的消費量，橫軸是 X 商品的消費量），這表明消費者願意放棄 1 單位的 Y 商品來獲得（　　）單位的 X 商品。
   A. 1/3　　　　　　　　　　　B. 3
   C. 1　　　　　　　　　　　　D. 不確定

三、簡答題

1. 用基數效用論解釋為什麼消費者的需求曲線是向右下方傾斜的。
2. 簡述無差異曲線及其特點。
3. 試畫圖說明正常物品價格上升時的收入效應和替代效應。

四、計算題

1. 已知消費者的效用函數為 $U=xy$，$P_x=4$，$P_y=10$，假設該消費者的收入 $M=600$ 元，

他將如何選擇 X 和 Y 的消費量。

2. 已知消費者的效用函數是 $U=(XY)^{1/2}$，$Py=10$，若該消費者的收入 $M=600$ 元，求他對 X 商品的需求曲線。

第四章 生產者理論

【導入案例】

鑽石的價格合理嗎?[1]

在一次珠寶拍賣會上,一顆名為「月光愛人」的鑽石吸引了所有人的目光。這顆鑽石晶瑩別透、光彩奪目,最后以8000萬美元的高價售出。這顆鑽石原來是由「夢幻」珠寶公司在南非的礦山中挖出來的。該公司的老闆托尼得意洋洋地說:「我當初決定買這座礦山的開採權時,就覺得這裡面肯定有寶藏,結果真的應驗了。」這時,挖掘隊隊長不服氣地說:「為挖到這顆鑽石,我與同事們付出了艱辛的勞動,不分晝夜地工作,差不多找遍了礦山的每一個角落,最后好不容易才發現了它。」為「夢幻」公司提供挖掘設備的廠商也說:「我們公司的機器設備是一流的,要是沒有這些挖掘機,他們就不可能在50米深的礦井中挖到這顆鑽石。」

在這個故事裡,大家都覺得自己對生產鑽石的付出最多,而其實離開了任何一方都無法成功。因為他們都是生產要素的提供者,理應得到相應的報酬:提供勞動力的得到工資,提供資本的得到利息,提供土地的得到地租。工資、利息、地租以及利潤,就分別是生產要素中勞動力、資本、土地及企業家才能的價格。

思考與分析:上述材料中鑽石的價格是如何決定的?是否合理?

前面的章節中,我們從消費者需求的角度研究了市場。現在我們換個角度,從供給方面來研究市場,考察生產者的行為。重點分析廠商如何有效地組織生產,他們的生產成本如何隨著投入品價格以及產量水平的變化而變化。我們還將看到廠商行為與消費者的最優化決策之間的驚人相似之處,也就是說對消費者行為的理解將有助於我們考察生產者行為。

生產理論和成本理論是企業經營管理的關鍵。以美國通用汽車為例,經理人員通常要考慮在新成立的工廠中,使用多少臺機器,雇傭多少名員工。為了提高產量,是雇傭更多的工人呢,還是另外再投資辦廠?一家工廠生產各種型號的汽車與每種汽車只在一家企業生產之間有何區別?企業第二年的成本是多少?這些成本會不會隨著時間和產量的變化而改變?這些問題不僅與一般的工商企業相關,而且也與其他的一些商品與勞務的生產包括政府和一些非營利部門有關。

在本章中,我們分幾個步驟來研究廠商的生產技術條件,明確投入(勞動力與資本)如何轉化為產出(商品)。首先,我們考察生產技術如何用生產函數的形式表達,接著,

---

[1] 唐華山. 好好學點經濟學 [M]. 北京:人民郵電出版社,2009.

我們會利用生產函數來研究投入與產出之間的變化關係。

第一節　生產技術與生產函數

　　每當提到生產，我們就會聯想到工廠運轉的機器，縱橫交錯的管道或現代化的電腦控製室。雖然很多產品的生產過程非常複雜，涉及大量的原材料投入和繁復的加工程序。但日常生活中也有不少重要產品的生產過程十分簡單，例如煮飯。煮飯也是一個生產過程，它需要一定的投入如大米、水、熱量和勞力等，經過一定的加工程序，生產出米飯。

　　經濟學中，凡能提供效用的東西，無論是有形的還是無形的都是產品。因此，生產概念的內涵就十分廣泛，如製造電腦、縫紉衣服、講故事、寫文章等都是生產。由於經濟學研究的就是資源配置以及社會成員在經濟活動中的相互關係，那麼對生產過程的投入與產出的描述自然也就成為了經濟學重要的研究對象之一。

　　生產過程的一端通過廠商對投入再生產的需求，與要素市場相連，另一端通過廠商對消費者的供應與產品市場相連。因此，投入與產出本身體現了一定的資源配置，同時也反應了生產者與供應者、生產者與消費者之間的聯繫。至於這些投入變成產品的技術細節，如米和水如何變成飯，在經濟學中就沒有對其進行具體描述的必要了。而具體的生產技術是自然科學和工程技術研究的對象，是科學家和工程師的問題，不是經濟學家的問題。例如，一噸煤，是用作燃料還是用作某種化工產品的原料，是經濟學問題。因為它涉及對有限資源的多個用途選擇。而一旦決定了這噸煤的用途後，比方說用作燃料，那麼，是將煤塊直接燃燒，還是液化后燃燒，這就是技術問題，該由工程師來決定如何才能從一噸煤裡產生最大的熱量。當然，工程師在決定用哪種方法燃燒時，也會面臨經濟問題，因為不同的燃燒方法有不同的成本。某種燃燒方法能產生最多的熱量，在技術上是有效率的，但是如果燃燒所需要的設備十分昂貴，那也不得不放棄，因為它在經濟上是低效率的。

　　經濟學通常把具體的生產過程看作一個「黑盒子」，它只關心進入黑盒一端的投入和另一端的產出，而對生產期間的技術過程，並不多做研究。對於經濟學家而言，一定的生產技術確定了一定的投入產出關係。因此，投入產出關係足以代表一定的生產過程，我們稱之為生產函數。確切說來，生產函數表示在給定技術條件下，一定量投入所能生產的最大量的產品。這個「最大量」表明生產過程是技術上有效率的，如此一來，經濟學便可以把關注點放在經濟效率上。經濟學對生產過程的描寫就類似餐館採購員手中的菜譜，菜譜列出每道菜的原料和用量，但並不說明如何炒。

　　生產過程中的投入品以及最終產出之間的關係可用生產函數描述，生產函數描述的是每一特定的投入品組合下企業的產出 Q。為簡便起見，我們假定有兩種投入品：勞動 L 和資本 K，生產函數可以表示為：

$$Q = F(L, K) \tag{4.1}$$

這個方程顯示了產出與勞動和資本這兩種投入品之間的數量關係。例如，生產函數可能描述的是一家特定廠房和特定裝配工人的企業每年生產的個人電腦的臺數。或者，它可能描述的是一個有著特定數目的農機和工人的農場可以收穫的麥子的總量。

　　生產函數的存在使得使用不同的投入品比例在生產同一數量的產出成為可能。以生產葡

萄酒為例，它可以產自一個勞動密集型企業，採取人工壓榨葡萄，也可以產自一個資本密集型企業，使用機器壓榨葡萄，注意是在技術條件不變的情況下。隨著技術的不斷進步，生產函數也會發生變化，廠商可以用相同的投入品生產出更多的產品。例如，一種更新、更快的計算機集成電路塊的問世，使得計算機廠商能在一定的時間內生產出更多的高速計算機。

生產函數描述了企業有效運行的技術可行性，即廠商盡可能地有效運用投入品的每一種組合方式。生產函數表示技術效率（Technically Efficient）條件下特定的投入品組合有效使用時的最大的可能性產出，因此不可能出現某種投入品的使用反而帶來產出下降的情況。一般我們並不提及生產總是技術上富有效率這個假設條件，因為完全有理由相信追逐利潤最大化的廠商不會浪費資源。

微觀經濟學的生產理論可以分為短期生產理論和長期生產理論。短期指生產者來不及調整全部生產要素的數量，至少有一種生產要素的數量是固定不變的時間週期。長期指生產者可以調整全部生產要素的數量的時間週期。

短期內生產要素投入可以分為不變投入和可變投入。不變投入是生產者在短期內無法進行調整的那部分投入，如機器設備、廠房。可變投入是生產者在短期內可以進行調整的那部分投入，如勞動、原材料、燃料等。在長期，生產者可以調整所有的要素投入，因而也就不存在可變要素與不可變要素的區分。所以，短期與長期的劃分是以生產者能否變動全部要素投入的數量為標準的。通常微觀經濟學中是以一種可變要素的生產函數考察短期生產理論，以兩種可變生產要素的生產函數考察長期生產理論。

第二節　短期生產：一種可變生產要素的生產函數

由生產函數 $Q=f(L, K)$ 出發，假定資本投入量是固定的，用 $\bar{K}$ 表示，勞動投入量是可變的，用 L 表示，則生產函數可以寫成：

$$Q=f(L, \bar{K}) \qquad (4.2)$$

這就是通常採用的一種可變生產要素的生產函數的形式，也稱為短期生產函數。

一、總產量、平均產量和邊際產量

短期生產函數 $Q=f(L, \bar{K})$ 表示，在資本投入量固定時，由勞動投入量變化所帶來的最大產量的變化。因此，我們可以得到勞動的總產量（Total Product of Labor）、勞動的平均產量（Average Product of Labor）和勞動的邊際產量（Marginal Product of Labor）這三個概念。它們的英文縮寫依次是 TP、AP 和 MP。

勞動的總產量 TP_L 指與一定的可變要素勞動的投入量相對應的最大產量，其定義公式為：

$$TP_L = f(L, \bar{K}) \qquad (4.3)$$

勞動的平均產量 AP_L 指平均每一單位可變要素勞動的投入量所生產的產量，其定義公式為：

$$AP_L = \frac{TP_L(L, \bar{K})}{L} \tag{4.4}$$

勞動的邊際產量 MP_L 指增加一單位可變要素勞動投入量所增加的產量，其定義公式為：

$$MP_L = \frac{\Delta TP_L(L, \bar{K})}{\Delta L} \text{ 或}$$

$$MP_L = \lim_{\Delta L \to 0} \frac{\Delta TP_L(L, \bar{K})}{\Delta L} = \frac{dTP_L(L, \bar{K})}{dL} \tag{4.5}$$

類似的，對於生產函數 $Q = f(\bar{L}, K)$ 來說，它表示，在勞動投入量固定時，由資本投入量變化所帶來的最大產量的變化。由該生產函數可以得到相應的資本的總產量、資本的平均產量和資本的邊際產量，它們的公式分別是：

$$TP_K = f(\bar{L}, K) \tag{4.6}$$

$$AP_K = \frac{TP_K(\bar{L}, K)}{K} \tag{4.7}$$

$$MP_K = \frac{\Delta TP_K(\bar{L}, K)}{\Delta K} \text{ 或}$$

$$MP_K = \lim_{\Delta K \to 0} \frac{\Delta TP_K(\bar{L}, K)}{\Delta K} = \frac{dTP_K(\bar{L}, K)}{dK} \tag{4.8}$$

據此，我們可以編製一張關於一種可變生產要素的生產函數的總產量、平均產量和邊際產量的列表。如表 4-1 所示，其中資本要素不變，勞動要素可變，即 $Q = f(L, \bar{K})$。

表 4-1　　　　　　　　　　一種可變投入（勞動）的生產

勞動力數量（L）	資本數量（K）	總產量（Q）	平均產出（Q/L）	邊際產出（ΔQ/ΔL）
0	10	0	—	—
1	10	10	10	10
2	10	30	15	20
3	10	60	20	30
4	10	80	20	20
5	10	95	19	15
6	10	108	18	13
7	10	112	16	4
8	10	112	14	0
9	10	108	12	−4
10	10	100	10	−8

勞動的邊際產出取決於所投入的資本量。如果資本投入從 10 單位增加到 20 單位，則勞動的邊際產出也很可能上升。原因是新增的勞動有更多的資本可利用，所以會有更高的生產率。像平均產出一樣，邊際產出也存在著先上升後下降的規律，在本例中，轉折出現在雇傭第三單位勞動以後。

可以用幾何圖形來表示，如圖 4-1 所示。

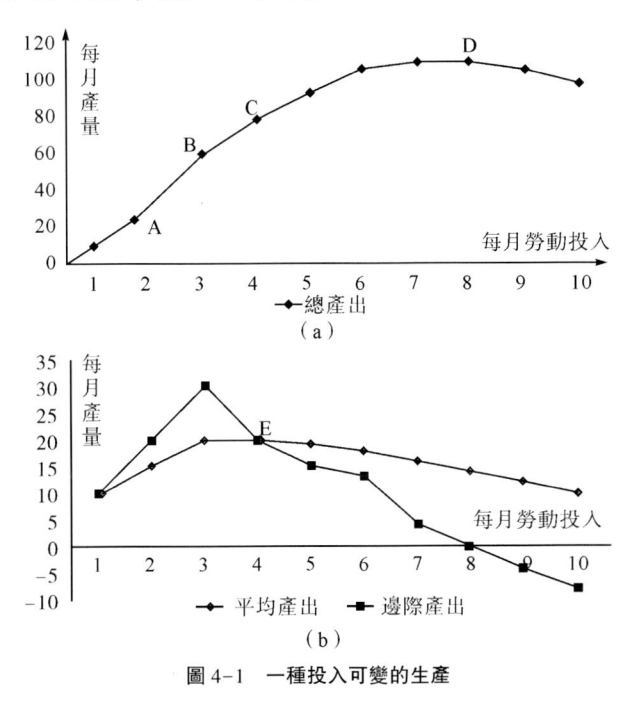

圖 4-1　一種投入可變的生產

在圖 4-1 中，當除勞動外的其他投入品都為固定時，圖 4-1（a）中的總產出曲線顯示了不同勞動投入下的產出。圖 4-1（b）中的邊際產出和平均產出曲線直接由總產出曲線推導得到。在點 A，邊際產出為 20，因為與總產出曲線相切的切線斜率為 20，在 a 圖中 B 點的勞動平均產出用 B 點與原點連線的斜率表示。C 點處的平均產出由 OC 線的斜率給出。在 b 圖的 E 點左側，邊際產出高於平均產出因而平均產出遞增，而在 E 的右側，邊際產出低於平均產出，因而平均產出遞減。結果，E 點為平均產出與邊際產出相交的點，並且平均產出達到最大值。

由圖 4-1 可見，總產出先上升至最大值 112，然后漸漸減少，從圖 4-1 中可知，在勞動超過 8 單位后，出現的是技術上缺乏效率的情況。技術上富有效率這個前提條件排除了邊際產出為負的情況，因而勞動超過 8 單位不是生產函數的部分。圖 4-1（b）是平均產出和邊際產出曲線（縱坐標從 a 圖的總產出變為 b 圖的單位勞動的產出）。在產出增加時，邊際產出為正；產出下降時，邊際產出為負。邊際產出曲線與橫軸相交於總產出的極大值點並非偶然。這是因為在此時生產線上再增加一名工人，生產線的操作反而更慢，總產出降低。這意味著該工人的邊際產出為負。

平均產出與邊際產出曲線是高度相關的，當邊際產出高於平均產出時，平均產出曲線處於上升階段。如圖 4-1（b）中勞動投入在 1~4 階段所顯示的。例如，一家廣告公司只有一個雇員，他每天能製作 10 個廣告。則最初的勞動平均產出為 10。現在，一名效率更高的雇員被聘入公司，他每天能創造 20 個廣告，其勞動的邊際產出為 20，這高於平均產出 10，而兩名工人共能完成 30 個廣告，新的平均產出上升至 15。同樣的，當邊際產出小於平均產出時，平均產出將下降，如圖 4-1（b）中 4~10 單位勞動所顯示的。在上面的

例子中，假設這兩個員工受僱的先后順序恰好相反，第一個員工的邊際產出為20，第二個員工的邊際產出為10，邊際產出（10）將小於平均產出（20），則新的平均產出將下降至15。因為在平均產出的上升階段，邊際產出曲線處於平均產出曲線之上，在平均產出下降階段，邊際產出曲線處於平均產出曲線之下。因此，在平均產出達極大值時，邊際產出一定等於平均產出。在圖4-1（b）中，這一點為點E。

圖4-1（a）中表示了總產出、平均產出、邊際產出三條曲線的幾何關係。勞動的平均產出是總產出除以投入的勞動量。例如，在B點，平均產出等於總產出60除以投入3，即每單位勞動投入有20單位產出。這正是B點與原點連線的斜率。一般而言，勞動的平均產出等於對應點與原點連線的斜率。

勞動的邊際產出是增加一單位的勞動所帶來的總產出的變化量。例如，A點的邊際產出為20，因為A點總產出曲線的切線斜率為20。一般而言一點的勞動的邊際產出等於總產出曲線在該點的切線的斜率。從圖4-1（a）我們可以看出，起初勞動的邊際產出上升，在投入品為3時達到頂點，然后下降，總產出到C和D點。在D點，總產出達到極大值時，總產出曲線的切線的斜率為0，即邊際產出為零，超過這一點以后，邊際產出為負。

二、邊際報酬遞減規律

在大多數生產過程中，都存在著勞動（或其他投入品）的邊際產出遞減現象，一般稱為邊際報酬遞減。由表4-1和圖4-1可以看到，對一種可變生產要素的生產函數來說，邊際產量表現出先上升后下降的特徵，正是這一特徵被稱為邊際報酬遞減規律，有時也被稱為邊際產量遞減規律或邊際收益遞減規律。

邊際報酬遞減規律指的是在生產中普遍存在著這麼一種現象：在技術水平不變的條件下，在連續等量地把某一種可變生產要素增加到其他一種或幾種數量不變的生產要素上去的過程中，當這種可變生產要素的投入量小於某一特定值時，增加該要素的投入所帶來的邊際產量是遞增的，當這種可變要素的投入量連續增加並超過這個特定值時，增加該要素投入所帶來的邊際產量是遞減的。

邊際報酬遞減規律是短期生產的一條基本規律。從理論上講，其成立的原因在於：對任何產品的短期生產來說，可變要素投入和固定要素投入之間都存在著一個最佳的數量組合比例。在開始時，由於不變要素投入量給定，而可變要素投入量為零，因此，生產要素的投入量遠遠沒有達到最佳的組合比例。隨著可變要素投入量的逐漸增加，生產要素的投入量逐步接近最佳組合，相應的可變要素的邊際產量呈現出遞增的趨勢。一旦生產要素的投入量達到最佳的組合比例，可變要素的邊際產量就達到最大值。在這一點之后，隨著可變要素投入量的繼續增加，生產要素的投入量越來越偏離最佳的組合比例，相應的可變要素的邊際產量便呈現出遞減的趨勢了。

邊際報酬遞減規律強調的是：在任何一種產品的短期生產中，隨著一種可變要素投入量的增加，邊際產量最終必然會呈現遞減的特徵。或者說，該規律提醒人們要看到在邊際產量遞增階段后必然會出現的邊際產量遞減階段。正是邊際報酬遞減規律決定了表4-1和圖4-1中勞動的邊際產量MP_L表現出先上升后下降的特徵。

三、總產量、平均產量與邊際產量的相互關係

西方經濟學家通常將總產量曲線、平均產量曲線和邊際產量曲線置於同一張坐標圖中來分析這三個產量概念之間的關係。圖 4-2 就是這樣一張短期的一種可變生產要素（此時是資本固定）的生產函數的產量曲線圖。

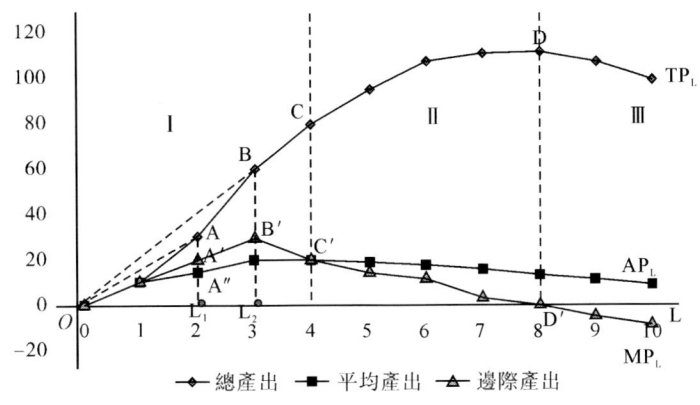

圖 4-2 一種可變生產要素的生產函數的產量曲線

由圖 4-2 可以清楚看到，由邊際報酬遞減規律決定的勞動的邊際產量 MP_L 先是上升，並在 B′點達到最高點，然后下降。由短期生產的這一特徵出發，利用圖 4-2 從以下三個方面來分析總產量、平均產量和邊際產量相互之間的關係。

首先，關於邊際產量和總產量之間的關係。由邊際產量的定義公式 $MP_L = \dfrac{dTP_L(L, \bar{K})}{dL}$ k 可以推知，過 TP_L 曲線任何一點的切線的斜率就是相應的 MP_L 值。如圖 4-2 中，當勞動投入量為 2 時，過曲線 TP_L 上 A 點的切線的斜率，就是相應的 MP_L 值，它等於 A′點到橫軸的垂直高度。

正是由於每一個勞動投入量上的邊際產量 MP_L 值就是相應的總產量 TP_L 曲線的斜率，所以，在圖 4-2 中邊際曲線與總產量曲線之間存在這樣的對應關係：只要邊際產量是正的，總產量就總是增加的；只要邊際產量是負的，總產量就總是減少的；當邊際產量為零時，總產量達最大值點。顯然，MP_L 曲線的最大值點 B′和 TP_L 曲線的拐點 B 是相互對應的。

其次，關於平均產量和總產量之間的關係。根據平均產量的定義公式 $AP_L = \dfrac{TP_L(L, \bar{K})}{L}$ 可以推知，連接 TP_L 曲線上任何一點和坐標原點的線段的斜率，就是相應的 AP_L 值。例如，在圖 4-2 中，當勞動投入量為 2 時，連接 TP_L 曲線上 A 點和坐標原點的線段 OA 的斜率即 $\dfrac{AL_1}{OL_1}$，就是相應的 AP_L 值，它等於 A″L_1 的高度。

正是由於這種關係，所以，在圖 4-2 中，當 AP_L 曲線在 C′點達最大值時，TP_L 曲線必然有一條從原點出發的最陡的切線，其切點為 C 點。

最后，關於邊際產量和平均產量之間的關係。在圖 4-2 中，MP_L 曲線和 AP_L 曲線相交於 AP_L 曲線的最高點 C'。在 C' 點以前，MP_L 曲線高於 AP_L 曲線，MP_L 曲線將 AP_L 曲線向上拉；在 C' 點以後，MP_L 曲線低於 AP_L 曲線，MP_L 曲線將 AP_L 曲線向下拉。不管是上升還是下降，MP_L 曲線的變動都快於 AP_L 曲線的變動。由此可見，就任何一對邊際量和平均量而言，只要邊際量大於平均量，邊際量就會把平均量向上拉；只要邊際量小於平均量，邊際量就會把平均量向下拉。因此，就平均產量 AP_L 和邊際產量 MP_L 來說，當 $MP_L > AP_L$ 時，AP_L 曲線是上升的；當 $MP_L < AP_L$ 時，AP_L 曲線是下降的；當 $MP_L = AP_L$ 時，AP_L 曲線達到極大值。同時，在邊際報酬遞減的規律作用下的 MP_L 曲線是先升后降的，所以，當 MP_L 曲線和 AP_L 曲線相交時，AP_L 曲線必達到最大值。

此外，由於在可變要素勞動投入量變化的過程中，邊際產量的變動相對於平均產量的變動而言要更敏感一些，所以，不管是增加還是減少，邊際產量的變動都快於平均產量的變動。

四、短期生產的三個階段

根據短期生產的總產量曲線、平均產量曲線和邊際產量曲線之間的關係，可以將短期生產劃分為三個階段，如圖 4-2 所示。

在第 I 階段，產量曲線的特點為：勞動的平均產量始終是上升的，且達到最大值；勞動的邊際產量上升達到最大值，然后開始下降，且勞動的邊際產量始終大於勞動的平均產量；勞動的總產量始終是增加的。這說明：在這一階段，不變要素資本投入量相對過多，生產者增加可變要素勞動的投入量是有利的。或者說，生產者只要增加可變要素勞動的投入量，就可以較大幅度地增加總產量。因此，任何理性的生產者都不會在這一階段停止生產，而是連續增加可變要素勞動的投入量，以增加總產量，並將生產擴大到第 II 階段。

在第 III 階段，產量曲線的特徵為：勞動的平均產量繼續下降，勞動的邊際產量降為負值，勞動的總產量也呈現下降趨勢。這說明：在這一階段，可變要素勞動的投入量相對過多，生產者減少可變要素勞動的投入量是有利的。因此，這時即使勞動要素是免費供給的，理性的生產者也不會增加勞動投入量，而是通過減少勞動投入量來增加總產量，以擺脫勞動的邊際產量為負值和總產量下降的局面，並退回到第 II 階段。

由此可見，任何理性的生產者都既不會將生產停留在第 I 階段，也不會將生產擴張到第 III 階段，所以，生產只能在第 II 階段進行。在生產的第 II 階段，生產者可以得到由第 I 階段增加可變要素投入所帶來的全部好處，又可以避免將可變要素投入增加到第 III 階段所帶來的不利影響。因此，第 II 階段是生產者進行短期生產的決策區間。在第 II 階段的起點處，勞動的平均產量曲線和勞動的邊際產量曲線相交，即勞動的平均產量達最高點。在第 II 階段的終點處，勞動的邊際產量曲線與水平軸相交，即勞動的邊際產量等於零。至於在生產的第 II 階段，生產者所應選擇的利潤最大化的最佳投入數量究竟在哪一點，還有待於以后成本、收益和利潤章節來繼續進行深入的分析。

第三節　長期生產：兩種可變生產要素的生產函數

在上面文段中，我們已經考察了短期生產的情況。現在，我們從長期的角度來考察企業的生產，此時，資本投入與勞動投入都是可變的。我們可以通過觀察一系列等產量線的形狀來研究生產的不同方式。

一、等產量線

所謂等產量線（Isoquant Curve）是在技術水平不變的條件下，生產同一產量的兩種生產要素投入量的所有不同組合的軌跡。以 Q 表示既定的產量水平，則與等產量線相對應的生產函數為：

$$Q = F(L, K) \tag{4.9}$$

等產量線描述的是同樣產出下的不同的投入組合，即由生產出同一產量的不同投入品組合形成的曲線。表 4-2 中的數據可以用圖 4-3 中的等產量線來表示。圖 4-3 中有四條等產量線。這是一個兩種可變生產要素的生產函數，它使用兩種投入品，其量可以發生變化。例如，投入品為勞動和資本，生產出來的是食物。

表 4-2　　兩種可變投入下的生產

資本投入 \ 勞動投入	1	2	3	4	5
1	30	50	65	75	85
2	50	70	85	95	100
3	65	85	100	110	115
4	75	95	110	120	125
5	85	100	115	125	130

表 4-2 中最上一行為勞動的投入，最左一列為資本的投入。表 4-2 中每一項表示在一個時段內相應的勞動與資本的組合最多（技術上富有效率）能生產出的產品（例如，4 單位勞動與 2 單位資本組合生產出 95 單位的食品）。從橫向看，在資本投入量一定的前提下，產量隨著勞動投入的增加而增加；從縱向看，在勞動投入一定的前提下，產量隨著資本投入的增加而增加。

等產量線 Q_1 上每一點對應著勞動與資本年投入量的某種組合，在該組合下，最終得到 65 單位產出。其中的 A、B 兩點與表 4-2 中的數據相對應，在 A 點，1 單位勞動與 3 單位資本結合得出 65 單位產出，而在 B 點 3 單位勞動與 1 單位資本的結合也得到同樣的產出。我們這裡所說的投入和產出都是數量。廠商每年使用一定數量的勞動和資本生產出一定數量的產品，為簡便計算，我們通常不提及時間，而僅僅指代勞動、資本和產出的數量。

生產的等產量線描述的是廠商生產特定產量所用的不同的投入品組合。等產量線的集

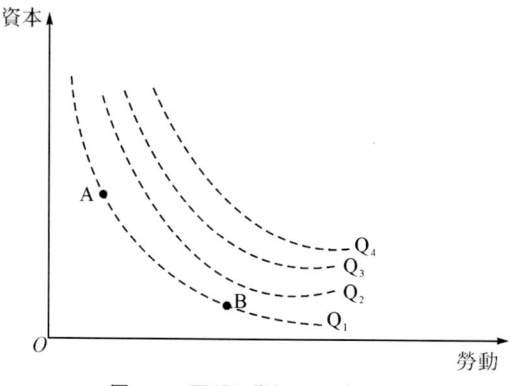

圖 4-3　兩種可變投入下的生產

合，或稱等產量圖，描述了企業的生產函數。從等產量線 Q_1（年產量 65 單位）到 Q_2（年產量 85 單位）再到 Q_3（年產量 100 單位），Q_4（年產量 115 單位），產出不斷增加。

等產量線與我們用來研究消費者理論的無差異曲線非常相似。無差異曲線將消費者的滿足程度按照從低到高的順序排列，等產量線則按照產出水平的高低作了同樣的處理。但與無差異曲線不同的是，每一條等產量曲線都對應著特定的產出水平，而無差異曲線只是排序意義上的，即效用水平越高對應的無差異曲線位置越高，但卻無法向度量產出那樣度量效用。

等產量線圖是等產量線的集合，其中每一條線表示的是在各種投入品組合下所能得到的最大產出，正如無差異曲線所反應了效用函數一樣，等產量圖也是生產函數的另一種描述方式，每一條等產量線與某一產量水平相對應。在等產量線向右上方移動的時候，產出水平也在上升。

等產量線給出了廠商進行生產決策的可行性空間，即為得到特定的產出，廠商可以使用不同的投入品組合。對於企業經理人員，這個可行性空間有著十分重要的意義。例如，一家快餐店最近缺乏年輕低薪的員工，老板就可以通過實現自動化，如增加沙拉自助臺或引進更高級的烹調設備來進行彌補，也可以聘用一些年老的員工來替代。正如我們將會看到的，經理人員在擁有了生產過程中的這些可行性後，可以選擇投入品組合，以達到成本最小、利潤最大。

二、邊際技術替代率

當兩種投入品可變化時，經理人員往往會考慮用一種投入品替代另一種投入品。等產量線的斜率表明了在保持產出不變的前提下一種投入品與其他投入品之間的替換關係。在去除了負號之後，我們稱此斜率為邊際技術替代率（MRTS）。勞動—資本的邊際技術替代率指的是在保持產出不變的前提下，多投入一單位勞動，資本的投入可以減少的量。這與消費者理論中的邊際替代率（MRS）十分相似。像 MRS 一樣，MRTS 也一直為正數，在 Q 的水平一定時，其公式表達為：

$$MRTS = -資本投入的改變量/勞動投入的改變量$$

即
$$\text{MRTS} = -\frac{\Delta K}{\Delta L} \qquad (4.10)$$

式中，△K、△L 是資本和勞動沿著等產量線的微小改變。

在圖 4-4 中，產出固定在 85 時，當勞動用 1 單位增加至 2 單位，MRTS 等於 2. 但是，當勞動由 2 單位增值 3 單位時，MRTS 的值降至 1，然后逐漸降至 2/3、1/3。顯然，當越來越多的勞動替代資本時，勞動的生產率越低，而資本的生產率會相對上升。所以，單位勞動可以替換的資本數量越來越少，等產量線也由此變得越來越平坦。

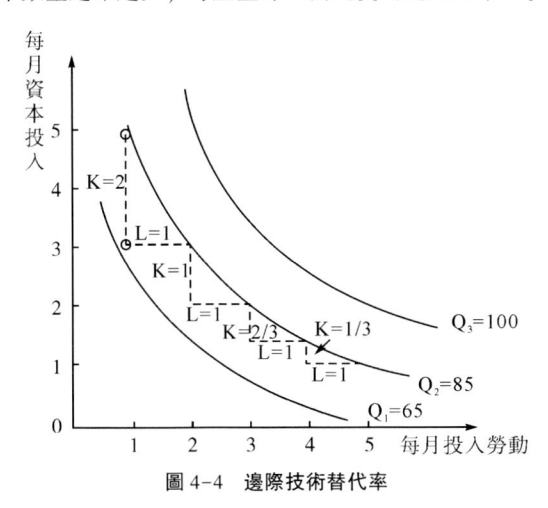

圖 4-4 邊際技術替代率

如消費者理論中的無差異曲線，等產量線也向下傾斜，等產量線上任意一點的斜率衡量了邊際技術替代率，表示在產出水平不變時，企業用勞動替換資本的能力。在等產量線 Q_2 上，邊際技術替代率由 2 逐漸降至 1、2/3 和 1/3。

等產量線是凸向原點的 MRTS 沿著等產量線不斷變小。遞減的 MRTS 告訴我們，任何一種投入品的生產率都是有限的。當生產過程中使用大量的勞動來代替資本時，勞動的生產率會下降。同樣，當大量的資本用來替代勞動時，資本的生產率也會下降，生產過程需要投入品的平衡使用。

如前所述，MRTS 與勞動的邊際產出 MP_L 和資本的邊際產出 MP_K 相關度很高。為說明這一點，假設在產出保持不變的前提下，增加勞動投入，減少資本投入。勞動投入的增加會帶來總產出的增加，其值等於新增單位勞動的產出（勞動的邊際產出）與新增勞動的乘積，即：

勞動投入增加產生的產量的增加 = $MP_L \cdot \Delta L$

同樣的，資本投入的減少帶來的總產出的下降等於新增單位資本的產出（資本的邊際產出）乘以資本投入的減少量，即：

資本投入減少產生的產量的下降 = $MP_K \cdot \Delta K$

在等產量線上，總產出不變，其改變量為 0，因此可得：

$$MP_L \cdot \Delta L + MP_K \cdot \Delta K = 0$$

重新整理后，我們得到：

$$MP_L/MP_K = -\frac{\Delta K}{\Delta L} = MRTS \qquad (4.11)$$

這一等式說明，沿著等產量線，不斷用勞動替代資本，資本的邊際產出逐漸上升，而勞動的邊際產出逐漸下降。這兩者的結果是當等產量線越來越平坦時，邊際技術替代率的值越來越小。

三、邊際技術替代率遞減規律

邊際技術替代率遞減規律是指：在兩種生產要素相互替代的過程中，普遍地存在這麼一種現象，即在維持產量不變的前提下，當一種生產要素的投入量不斷增加時，每一單位的這種生產要素所能替代的另一種生產要素的數量是遞減的。這一現象被稱為邊際技術替代率遞減規律，如圖4-4所示。

邊際技術替代率遞減的主要原因在於：任何一種產品的生產技術都要求各種要素投入之間有適當的比例。簡單地說，以勞動和資本兩種要素投入為例，在勞動投入量很少和資本投入量很多的情況下，減少一些資本投入量可以很容易地通過增加勞動投入量來彌補，以維持原有的產量水平，即勞動投入增加到相當多的數量和資本購入量減少到相當少的數量的情況下，再用勞動去替代資本就將是相當困難的了。

而對於等產量線一般具有凸向原點的特徵，這一特徵是由邊際技術替代率遞減規律所決定的。因為，由邊際技術替代率的定義公式可知，等產量線上某一點的邊際技術替代率就是等產量線在該點的斜率的絕對值，又由於邊際技術替代率是遞減的，所以，等產量線的斜率的絕對值是遞減的，即等產量線是凸向原點的。

第四節　規模報酬

企業在長期的生產過程中，所有投入都是可變的，這些投入的變化會就帶來產出的變化。當所有投入品都成比例增加時，企業的產出會如何變化呢？

第一種可能，在所有投入增加一倍時，產出的增加超過一倍，我們說此時的生產存在遞增的規模報酬。這一現象的出現可能來自更大規模的生產使得勞動的分工更專業化，從而能更充分利用大規模的廠房和先進的設備。如果某個產業存在規模報酬遞增效應，那麼讓一個大企業來生產（以相對低的成本）比許許多多小企業（以相對高的成本）生產來得經濟。但因為大企業可能因此擁有壟斷勢力而控制價格，因而需要考慮政府管制。例如，能源類產品的供應上就存在規模報酬遞增效應，所以我們有大型的受管制的電力公司和油氣企業。

第二種可能是當投入增加一倍時，產出也增加一倍，此時我們稱其為規模報酬不變。此時，企業的經營規模不會影響它的要素生產率，無論企業大小，企業投入品的平均和邊際生產率都保持不變。這樣的企業很容易被「複製」，兩個相同的企業得到的產出是原來的兩倍。如：旅行社無論大小，它們為每個旅客提供的服務都相同，使用的資本（辦公場所）和勞動（旅行社代理人）的比率相同。

第三種可能是一倍的投入得到少於一倍的產出，即規模報酬遞減的狀況。在一些大型企業，由於組織的複雜性和規模的過於龐大帶來了管理上的困難，這就降低了勞動和資本的生產率。工人和經理人員之間的交流變得難以監督，工作場所會變得混亂無序。因此，規模報酬遞減往往與任務協調的困難和維持管理者與工人之間的有效交流的困難相關。也可能是在大規模的企業中，人們難以施展他們的創業才能。

在圖4-5中我們用圖示來說明規模經濟的情況。從原點出發的OA線代表一種生產過程，在該過程中勞動和資本兩要素是以5個勞動小時和2個機器小時這一固定比率投入生產的。圖4-5（a）中企業的生產函數表明了規模報酬不變。當使用5個勞動小時和2個機器小時，得到的產出是10單位。當兩種投入都變為原來的兩倍時，產出也變為原來的兩倍，從10增加到20；當投入變為三倍時，產出也變為三倍，從10增加到30。換言之，生產20單位產出需要兩倍的投入，生產30單位則需要三倍的投入。

圖4-5（b）中的企業的生產函數則表現出規模報酬遞增。現在當我們沿著OA線向外移動時，等產量線變得越來越靠近。結果，產出從10增加到20所需要的投入增加少於一倍，生產30單位產出所需增加的投入更是少於兩倍。如果生產函數是規模報酬遞減的話，相反的結論同樣成立。

圖4-5（c）中的企業的生產函數則表現出規模報酬遞減。現在當我們沿著OA線向外移動時，等產量線變得越來越遠。結果，產出增加一倍需要的投入增加量超過一倍。當報酬遞減時，產出水平等比例增加時等產量線之間的間距越來越大。

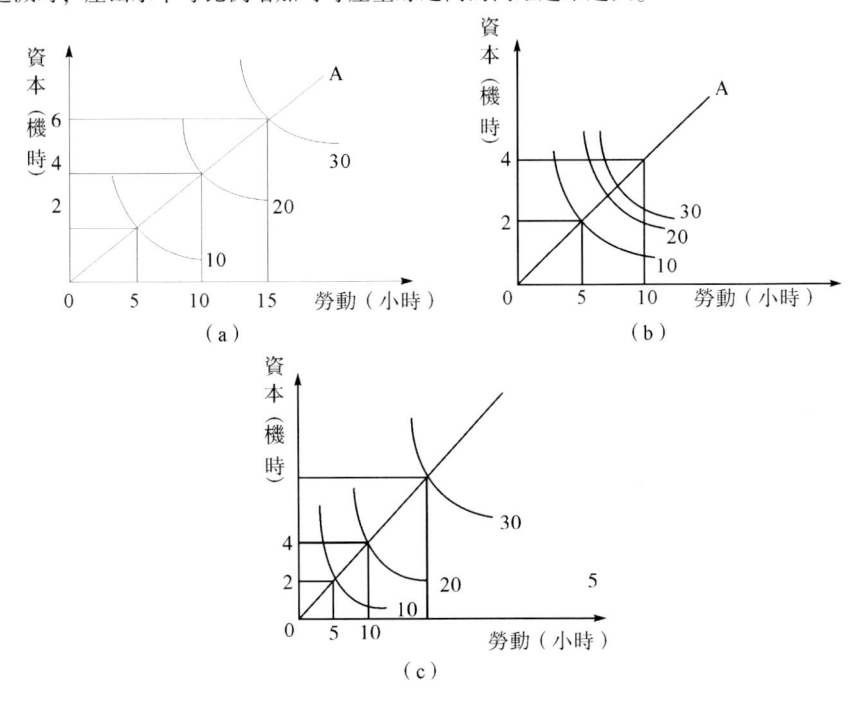

圖4-5　規模報酬的三種情況

規模報酬在不同的企業和行業間有很大差別。在其他條件相同的情況下，規模報酬越顯著，該行業中企業的規模一般來說則越大。製造行業與服務行業相比規模報酬遞增的可

能性較大，因為生產製造需要較大的資本設備的投資。服務行業由於更偏向勞動密集型，因而小規模和大規模提供服務的效率都差不多。

【綜合案例討論】

小麥的生產函數

不同經濟發展程度的國家可以有不同的方式生產穀物。在東南亞地區糧食的生產主要採用精耕細作的方式，用較少的資本、較多的人力來完成。而在美國的大型農場中，糧食的生產一般是資本密集型的，生產過程中包含了大量的資本投資，如建築物、設備等，以及少量的勞動力投入。我們可以用一條（或多條）等產量線來描述農業生產過程中特定產量的投入組合。如圖4-8中，等產量線對應16,000蒲式耳（1蒲式耳≈36.37升，全書同）小麥年產量，它與生產函數相關，利用這條等產量線，農場經營者可以決定在雇傭勞動和使用機器之間哪一個更合算。假定農場的經營狀況目前處於A點，勞動投入L為600小時，資本投入K為200機時，農場經營者決定減少機器的使用時間。為了得到相同的年產量，他必須多投入300小時的勞動。

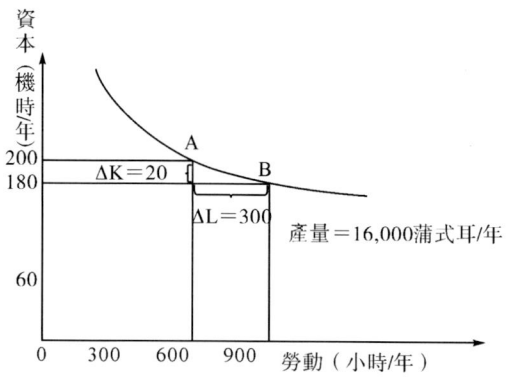

圖4-6 小麥生產函數的等產量線

農場經營者的這個嘗試使他逐步瞭解了小麥的生產函數的等產量線的形狀，比較圖4-6中A（L=600，K=200）與B（L=900，K=180），它們都位於等產量線上，農場經營者發現邊際技術替代率等於0.067 $\left[-\dfrac{\Delta K}{\Delta L}=(-20)/300\approx 0.067\right.$，保留三位小數$\left.\right]$。

MRTS使農場經營者知道了增加勞動投入與減少機器使用之間的權衡關係。因為MRTS遠小於1，農場經營者明白當工人的工資等於機器運行的成本時，他將付出更多的資本。事實上，農場經營者明白，除非勞動的價格比機器單位時間的使用成本低廉得多，否則，他的生產方式應更趨向於資本密集型。

思考與分析：

1 什麼是等產量線？

2 什麼是邊際技術替代率？

3 我們研究等產量線和邊際技術替代率的現實意義何在？

【復習與思考】

一、名詞解釋

生產函數

等產量線

報酬遞減規律

邊際技術替代率

規模報酬

二、思考題

1. 短期生產函數與長期生產函數有什麼區別？
2. 為什麼在短期生產中，勞動的邊際產出會顯示出先上升後下降的現象？
3. 單個生產要素的報酬遞減與規模報酬不變並不矛盾，為什麼？
4. 等產量線的斜率與邊際技術替代率有何聯繫？
5. 一家企業的生產函數隨著產出的增加是否可能出現規模報酬遞增、不變、遞減三種情況？

三、計算題

1. 假設一家家具製造商，在短期內，它的設備是固定不變的。生產者知道當生產過程中的勞動投入從1逐漸增至7，生產出的家具，如桌子的數量依次為10，22，25，26，25，23張。

   （1）計算該生產函數下勞動的平均產出和邊際產出。

   （2）解釋該生產函數是否顯示了勞動的邊際報酬遞減。

   （3）你覺得為什麼會出現勞動的邊際產出為負的現象？

2. 在長期的生產過程中，一家企業的生產要素間是完全可替代的，請問此時的邊際替代率是高還是低，是否還需要其他信息？

3. 在計算機集成塊的生產過程中，勞動的邊際產出是每小時50塊，此時勞動的邊際技術替代率為1/5。請問資本的邊際產出為多少？

4. 請根據下面的生產函數，分析其規模效應是怎樣的。

   （1）$Q = 0.5KL$

   （2）$Q = 2K + 3L$

5. 假如戴爾個人電腦公司的生產函數為 $Q = 10K^{0.5}L^{0.5}$。式中，Q是每天生產的計算機數量，K是機器使用時間，L是投入的勞動時間。戴爾公司的競爭者聯想公司的生產函數為 $Q = 10K^{0.6}L^{0.4}$。

   （1）如果兩家公司使用同樣多的資本和勞動，哪一家公司的產量大？

   （2）假設資本限於9小時機器時間，勞動的供給是無限制的，哪一家公司的勞動的邊際產出大？

6. 在本章最後的案例中，假定小麥的生產函數為 $Q = 200K^{0.8}L^{0.2}$。

   （1）如果剛開始的資本投入為4單位，勞動投入為50單位，請證明勞動和資本的邊際產出都下降了。

   （2）該生產函數顯示的規模報酬是遞增、遞減，還是不變？

第五章 成本論

【導入案例】

上大學的成本[1]

有句名言叫作「世界上沒有免費的午餐」，這句充滿哲理的話出自諾貝爾經濟學獎得主弗里德曼之口，意思是說做任何事情都會有成本，要獲取某種對自己有用的東西，就必定要以某種形式支付各種成本。很多同學在進入大學的時候，或多或少都會有這樣的疑問：為什麼要上大學，或者說為什麼要吃大學教育這道「午餐」呢？道理很簡單，在信息化的知識經濟時代，擁有高層級的學歷、學位和相應知識，對一個人的未來發展具有決定性的價值和意義，接受大學教育對一個人就意味著有一個好的未來預期。簡而言之，上大學意味著一種收益，是一件值得追求的事情。

但世界上沒有免費的午餐，上大學肯定會有成本發生。讀一個四年制的本科大學，獲取一個本科學歷和學士學位的成本會是多少呢？很多人都會脫口而出地說「就是四年的學費」。如果一年的學費是5000元，四年下來就是20,000元，這似乎就是獲取一個本科學歷和學士學位的全部成本。其實不然，因為還有其他的成本存在。

我們可以想一下，四年的大學學費20,000元，僅僅是一個人從自己口袋裡抽出來直接交給學校的費用，經濟學家將此項費用稱為直接的顯性成本。上大學的個人生活費用並不計入上大學的成本，因為無論上不上大學，都需要同樣的生活費用。但這僅僅是讀完大學所需要全部成本的一部分，而不是全部，因為還有另外一種成本發生，這就是間接的隱性成本。

我們可以設想一下，如果一個人在高中畢業后不讀大學的話，那麼他就會有另外的選擇，譬如外出打工掙錢。我們假定，外出打工掙的工資薪水在扣除基本生活費用之後，每個月還可以剩餘500元，一年就會節省出6000元，四年打工下來就是剩餘24,000元。如果上大學的話，就無法獲得這一新增加的24,000元錢，這就是因為四年大學讀書而造成的經濟損失，我們將此稱為間接的隱性成本，經濟學上，也可以稱之為機會成本。

思考與分析：
1. 什麼是成本？
2. 顯性成本、隱性成本及機會成本的區別是什麼？

---

[1] 資料來源：根據俞憲忠《上大學的成本》整理。

第一節 成本的概念

一、利潤

　　西方經濟學家認為經濟資源是稀缺的，經濟學是要研究一個經濟社會如何對稀缺的經濟資源進行合理配置的問題。從生產者的角度來看，一個企業的主要目的是利用有限的經濟資源來組織生產，獲得最大的利潤。

　　在西方經濟學中，企業的利潤是指企業的總收益和總成本之間的差額。

$$利潤＝總收益－總成本$$

　　企業要追求利潤最大化，就必須考慮到總收益和總成本。總收益的衡量比較簡單：它等於企業生產的產品數量乘以售出該產品的價格。例如，一個生產電腦的廠商，每月能生產100臺電腦，每臺電腦的售價是5000元，因此，這個廠商每月的總收益是500,000元。所以，廠商要追求利潤最大化，不得不考慮成本的問題。接下來，我們先瞭解一下成本的概念。

二、機會成本

　　從企業家的角度來看，當一個企業用一定的經濟資源生產某種產品時，這些資源就不能同時被使用來生產其他產品。由此，便產生了機會成本的概念。

　　在西方經濟學中，我們應該從機會成本的角度來理解企業的生產成本。一般地，生產一單位的某種商品的機會成本是指生產者所放棄的使用相同的生產要素在其他生產用途中所能得到的最高收入。例如，當一個廠商決定租出自己擁有的一所閒置的廠房來獲取一定收入時，他就應該考慮機會成本的大小。假如他租給A用作倉庫的收入是每年10,000元，租給B用作廠房的收入是每年20,000元，租給C用作物流配送中心的收入是每年30,000元，則這位廠商將該閒置的廠房租給A的機會成本是放棄租給C可能獲得的30,000元收入。同樣的，這位廠商將該閒置的廠房租給B的機會成本是放棄租給C可能獲得的30,000元收入。因此，從機會成本的角度衡量，該廠商應該將閒置的廠房租給C以減少成本，獲取最高的收入。

三、顯性成本和隱性成本

　　企業的生產成本可以分為顯性成本和隱性成本兩個部分。

　　顯性成本是指廠商在生產要素市場上購買或租用他人所擁有的生產要素的實際支出。例如，某廠商為了生產電腦雇傭了50名工人，從銀行取得了20,000元的貸款，租用了一間廠房。為此，該廠商就必須向50名工人支付工資，向銀行支付20,000元貸款的借款利息，向廠房出租者支付租金，這些支出便構成了該廠商生產的顯性成本。因為廠商在獲得

這些生產要素的時候，必須把貨幣支付給本企業以外的個人或廠商，是一種明顯的貨幣支出，故稱為顯性成本。

隱性成本是指廠商本身所擁有的且被用於該企業生產過程的那些生產要素的總價格。例如，為了進行電腦生產，該廠商除了雇傭50名的工人、從銀行取得20,000元的貸款和租用一間廠房（這些均屬於顯性成本支出），還動用了自己的資金，並親自管理企業。企業在使用這部分自有的生產要素時，從形式上看，企業家並不需要給自己的資金付利息，也不需要向自己支付工資。但是，這部分企業自有的生產要素在生產上發揮的作用與從市場上購買來的那些生產要素並無不同，理應得到一份報酬。由於這些報酬不是以貨幣形式支付到企業外部去的，它的支出不如顯性成本那麼明顯，故稱為隱性成本。

四、經濟利潤與正常利潤

在西方經濟學中，還須區別對待經濟利潤和正常利潤。在前面，我們說過企業追求的是利潤最大化，這裡的利潤指的是經濟利潤，它等於總收益減去總成本。

企業的正常利潤是指廠商對自己所提供的企業家才能的報酬支付。根據上面對隱性成本的分析可知，正常利潤是隱性成本的一個組成部分。因此，經濟利潤中不包括正常利潤。當經濟利潤為零的時候，廠商仍然得到了全部的正常利潤。

為了更好地瞭解成本，接下來我們將學習一下成本的種類。成本理論是建立在生產理論的基礎之上的。我們已經知道，生產理論分為短期生產理論和長期生產理論，則對應地，成本理論也分為短期成本理論和長期成本理論。本章從第二節起將先後研究短期成本函數及其曲線和長期成本函數及其曲線。

第二節　短期成本曲線

一、短期成本的分類

當企業購買投入生產的生產要素時，就產生了成本。短期內，根據這些生產要素的數量是否可以調整，廠商的成本有不變成本部分和可變成本部分之分。一般來說，廠商的短期成本有以下七種：總不變成本、總可變成本、總成本、平均不變成本、平均可變成本、平均總成本和邊際成本。它們的英文縮寫順次為：TFC、TVC、TC、AFC、AVC、AC和MC。

總不變成本TFC是廠商在短期內為生產一定數量的產品對不變生產要素所支付的總成本。例如，廠房的租賃費和管理人員的工資等。由於在短期內不管企業的產量為多少，這部分不變要素的投入量都是不變的，所以，總不變成本是一個常數，它不隨產量的變化而變化。即使產量為零時，總不變成本也仍然存在。如圖5-1（a）所示，圖中的橫軸Q表示產量，縱軸C表示成本，總不變成本TFC曲線是一條水平線。它表示在短期內，無論產量如何變化，總不變成本TFC是固定不變的。

總可變成本 TVC 是廠商在短期內生產一定數量的產品對可變生產要素支付的總成本。例如，廠商對原材料、燃料動力和工人工資的支付等。總可變成本 TVC 曲線如圖 5-1 (b) 所示，它是一條由原點出發向右上方傾斜的曲線。TVC 曲線表示：由於在短期內廠商是根據產量的變化不斷地調整可變要素的投入量，所以，總可變成本隨產量的變動而變動。當產量為零時，總可變成本也為零。在這以後，總可變成本隨著產量的增加而增加。總可變成本的函數形式為：

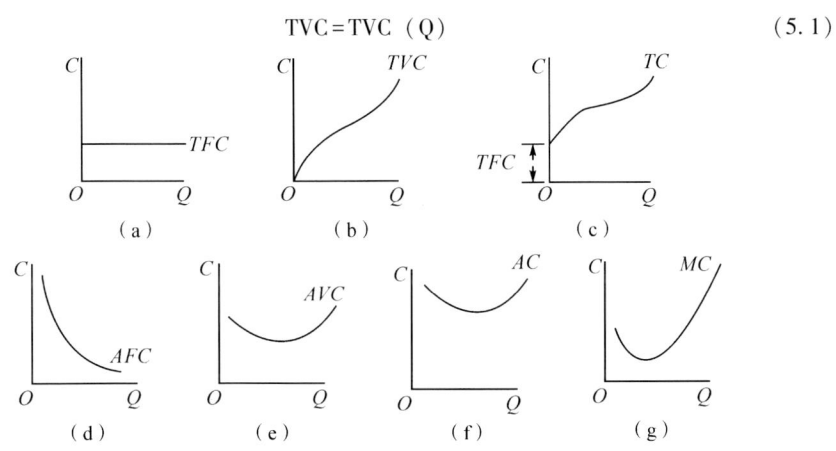

$$TVC = TVC(Q) \tag{5.1}$$

圖 5-1　各類短期成本曲線

總成本 TC 是廠商在短期內為生產一定數量的產品對全部生產要素所支出的總成本。它是總不變成本和總可變成本之和。總成本 TC 曲線如圖 5-1 (c) 所示，它是從縱軸上相當於總不變成本 TFC 高度的點出發的一條向右上方傾斜的曲線。TC 曲線表示：在每一個產量上的總成本都由總不變成本和總可變成本共同構成。總成本用公式表示為：

$$TC(Q) = TFC + TVC(Q) \tag{5.2}$$

平均不變成本 AFC 是廠商在短期內平均每生產一單位產品所消耗的不變成本。平均不變成本 AFC 曲線如圖 5-1 (d) 所示，它是一條向兩軸漸近的雙曲線。AFC 曲線表示：在總不變成本固定的前提下，隨著產量的增加，平均不變成本是越來越小的。平均不變成本用公式表示為：

$$AFC(Q) = \frac{TFC}{Q} \tag{5.3}$$

平均可變成本 AVC 是廠商在短期內平均每生產一單位產品所消耗的可變成本。用公式表示為：

$$AVC(Q) = \frac{TVC(Q)}{Q} \tag{5.4}$$

平均總成本 AC 是廠商在短期內平均每生產一單位產品所消耗的全部成本。它等於平均不變成本和平均可變成本之和。用公式表示為：

$$AC(Q) = \frac{TC(Q)}{Q} = AFC(Q) + AVC(Q) \tag{5.5}$$

邊際成本 MC 是廠商在短期內增加一單位產量時所增加的成本。用公式表示為：

$$MC(Q) = \frac{\Delta TC(Q)}{\Delta Q} \tag{5.6}$$

或者

$$MC(Q) = \lim_{\Delta Q \to 0} \frac{\Delta TC(Q)}{\Delta Q} = \frac{dTC}{dQ} \tag{5.7}$$

由（5.7）式可知，在每一個產量水平上的邊際成本 MC 值就是相應的總成本 TC 曲線的斜率。

平均可變成本 AVC 曲線、平均總成本 AC 曲線和邊際成本 MC 曲線順次如圖 5-1（e）、（f）和（g）所示。這三條曲線都呈現出 U 形的特徵。它們表示：隨著產量的增加，平均可變成本、平均總成本和邊際成本都是先遞減，各自達到本身的最低點之後再遞增。最後，需要指出的是，從以上各種短期成本的定義公式中可知，由一定產量水平上的總成本（包括 TFC、TVC 和 TC）出發，是可以得到相應的平均成本（包括 AFC、AVC 和 AC）和邊際成本（即 MC）的。這一點，將在本節接下來的內容中得到進一步的體現。

二、短期成本曲線的綜合圖

在圖 5-1 中，我們分別畫出了 7 條不同類型的短期成本曲線。現在，我們將把這些不同類型的短期成本曲線置於同一張圖表中，以分析不同類型的短期成本曲線相互之間的關係。這項工作將通過表 5-1 和圖 5-2 來完成。

表 5-1 是一張某廠商的短期成本表。表中的平均成本和邊際成本的各欄均可以分別由相應的總成本的各欄推算出來。該表體現了各種短期成本之間的相互關係。

表 5-1　　　　　　　　　　　　短期成本表　　　　　　　　　　　　單位：元

產量(Q)	總成本 總不變成本(TFC)	總成本 總可變成本(TVC)	總成本 總成本(TC)	平均成本 平均不變成本(AFC)	平均成本 平均可變成本(AVC)	平均成本 平均總成本(AC)	邊際成本 邊際成本(MC)
0	1200	0	1200				
1	1200	600	1800	1200.0	600.0	1800.0	600
2	1200	800	2000	600.0	400.0	1000.0	200
3	1200	900	2100	400.0	300.0	700.0	100
4	1200	1050	2250	300.0	262.5	562.5	150
5	1200	1400	2600	240.0	280.0	520.0	350
6	1200	2100	3300	200.0	350.0	550.0	700

圖 5-2 是根據表 5-1 繪製的短期成本曲線圖，它是一張典型的短期成本曲線的綜合圖。

仔細觀察圖 5-2，除了發現那些在圖 5-1 中已經得到體現的短期成本曲線的特徵以外，還可以發現以下特徵：

（1）總不變成本 TFC 曲線是一條水平線。它表示在短期內，無論產量如何變化，總不變成本 TFC 是固定不變的。

（2）總可變成本 TVC 曲線是一條由原點出發向右上方傾斜的曲線。當產量為零時，總可變成本也為零，在這以後，總可變成本隨著產量的增加而增加。

（3）總成本 TC 曲線是從總不變成本 TFC 高度的點出發的一條向右上方傾斜的曲線。在每一個產量水平上，TC 曲線和 TVC 曲線兩者的斜率是相同的，並且，TC 曲線和 TVC 曲線之間的垂直距離都等於固定的不變成本 TFC。TC 曲線表示在每一個產量上的總成本由總不變成本和總可變成本構成。

（4）平均不變成本 AFC 是一條向兩軸漸近的雙曲線。AFC 曲線表示在總不變成本固定的前提下，隨著產量的增加，平均不變成本是越來越小的。

（5）平均可變成本 AVC 曲線、平均總成本 AC 曲線和邊際成本 MC 曲線這三條曲線都呈現出 U 形的特徵。它們表示隨著產量的增加，平均可變成本、平均總成本和邊際成本都是先遞減，各自達到本身的最低點之後再遞增。而且，MC 曲線與 AVC 曲線相交於 AVC 曲線的最低點 F，MC 曲線與 AC 曲線相交於 AC 曲線的最低點 D。

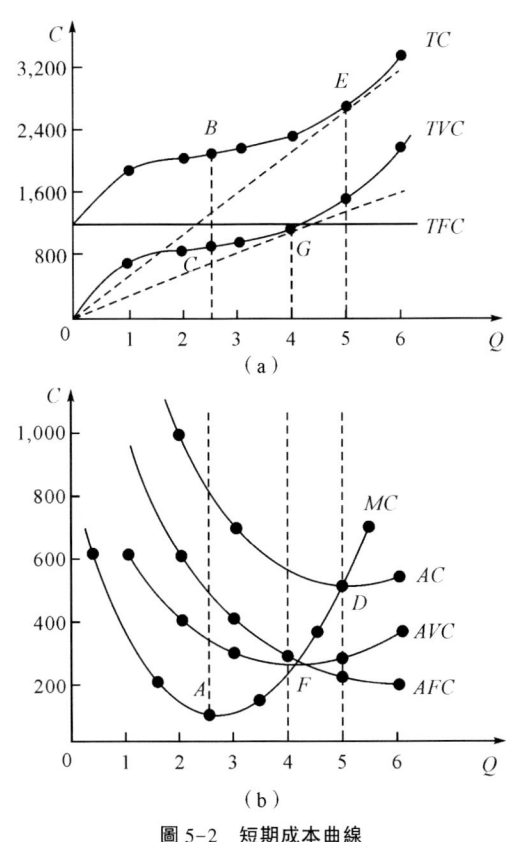

圖 5-2　短期成本曲線

三、邊際報酬遞減規律

邊際報酬遞減規律是指在短期生產過程中，在其他條件不變的前提下，隨著一種可變要素投入量的連續增加，它所帶來的邊際產量先是遞增的，達到最大的值後再遞減。關於這一規律，我們也可以從產量變化所引起的邊際成本變化的角度來理解：假定生產要素的

價格是固定不變的，在開始時的邊際報酬遞增階段，增加一單位可變要素投入所產生的邊際產量遞增，則意味著可以反過來說，在這一階段增加一單位產量所需要的邊際成本是遞減的。在以後的邊際報酬遞減階段，增加一單位可變要素投入所產生的邊際產量遞減，則意味著也可以反過來說，在這一階段增加一單位產量所需要的邊際成本是遞增的。顯然，邊際報酬遞減規律作用下的短期邊際產量和短期邊際成本之間存在著一定的對應關係。這種對應關係可以簡單地表述如下：在短期生產中，邊際產量的遞增階段對應的是邊際成本的遞減階段，邊際產量的遞減階段對應的是邊際成本的遞增階段，與邊際產量的最大值相對應的是邊際成本的最小值。正因為如此，在邊際報酬遞減規律作用下的邊際成本 MC 曲線表現出先降後升的 U 形特徵。

邊際成本和邊際產量之間的關係不僅可以從邊際報酬遞減規律中推斷出來，也可以從以下短期產量函數與短期成本函數中推導出來。

四、短期產量曲線與短期成本曲線之間的關係

假定短期生產函數為：

$$Q = f(L, \bar{K}) \tag{5.8}$$

短期成本函數為：

$$TC(Q) = TVC(Q) + TFC \tag{5.9}$$

$$TVC(Q) = W \cdot L(Q) \tag{5.10}$$

且假定生產要素勞動的價格 w 是給定的。

1. 邊際產量和邊際成本之間的關係

根據 (5.9) 式和 (5.10) 式，有：

$$TC(Q) = TVC(Q) + TFC = TVC(Q) + TFC = W \cdot L(Q) + TFC \tag{5.11}$$

式中，TFC 為常數。

由 (5.11) 式可得：

$$MC = \frac{dTC}{dQ} = w\frac{dL}{dQ} + 0 \tag{5.12}$$

即

$$MC = w\frac{1}{MP_L} \tag{5.13}$$

因此，(5.13) 式表明邊際成本 MC 和邊際產量 MP_L 兩者的變動方向是相反的。具體地講，MP_L 曲線的上升段對應 MC 曲線的下降段；MP_L 曲線的下降段對應 MC 曲線的上升段；MP_L 曲線的最高點對應 MC 曲線的最低點。

2. 平均產量和平均可變成本之間的關係

根據 (5.10) 式有：

$$AVC = \frac{TVC}{Q} = w\frac{L}{Q} = w \cdot \frac{1}{AP_L} \tag{5.14}$$

由此可得以下兩點結論：

第一，(5.14) 式表明平均可變成本 AVC 和平均產量 AP_L 兩者的變動方向是相反的。即 AP_L 曲線的上升段對應 AVC 曲線的下降段；APL 曲線的下降段對應 AVC 曲線的上升

段；APL 曲線的最高點對應 AVC 曲線的最低點。

第二，由於 MC 曲線與 AVC 曲線交於 AVC 曲線的最低點，MP_L 曲線與 AP_L 曲線交於 AP_L 曲線的最高點，所以，MC 曲線和 AVC 曲線的交點與 MP_L 曲線和 AP_L 曲線的交點是對應的。

第三節　長期成本曲線

在分析了短期成本后，本節將對廠商的長期成本進行分析。在長期內，廠商可以根據產量的要求調整全部的生產要素投入量，因此，廠商所有的成本都是可變的。在這節，我們將依次對長期總成本、長期平均成本和長期邊際成本進行分析，並考察這三條長期成本曲線之間的相互關係。

廠商的長期成本可以分為長期總成本、長期平均成本和長期邊際成本。它們的英文縮寫順次為：LTC、LAC 和 LMC。為了區分短期成本和長期成本，從本節開始，在短期總成本、短期平均成本和短期邊際成本前都冠之於「S」，如短期總成本寫為 STC 等，在長期成本前都冠之於「L」，如長期總成本寫為 LTC 等。

一、長期總成本函數和長期總成本曲線

長期總成本 LTC 是指廠商在長期中在每一個產量水平上通過選擇最優的生產規模所能達到的最低總成本。相應地，長期總成本函數寫成以下形式：

$$LTC = LTC(Q) \qquad (5.15)$$

根據 (5.15) 式，我們可以畫出長期總成本曲線。具體的做法是：把長期內每一個產量水平對應的總成本的值描繪在產量和成本的平面坐標圖中，便可得到長期總成本 LTC 曲線。此外，也可以由短期總成本曲線出發，推導長期總成本曲線，下面將對這種方法予以說明。

在圖 5-3 中，有三條短期總成本曲線 STC_1、STC_2 和 STC_3，它們分別代表小、中、大三個不同的生產規模。假定廠商生產的產量為 Q_2，那麼廠商應該如何調整生產要素的投入量以降低總成本呢？在短期內，廠商可能面臨 STC_1 曲線所代表的過小的生產規模或 STC_3 曲線所代表的過大的生產規模，於是，廠商只能按較高的總成本來生產產量 Q_2，即在 STC_1 曲線上的 d 點或 STC_3 曲線上的 e 點進行生產。但在長期，廠商可以變動全部的要素投入量，選擇最優的生產規模，於是，廠商必然會選擇 STC_2 曲線所代表的生產規模進行生產，從而將總成本降低到所能達到的最低水平，即廠商是在 STC_2 曲線上的 b 點進行生產。類似地，在長期內，廠商會選擇 STC_1 曲線所代表的生產規模，在 a 點上生產 Q_1 的產量；選擇 STC_3 曲線所代表的生產規模，在 c 點上生產 Q_3 的產量。這樣廠商就在每一個既定的產量水平上實現了最低的總成本。

在理論分析上，一個廠商在長期內可以假定有無數條短期總成本曲線。這樣一來，廠商可以在任何一個產量水平上，都找到相應的一個最優的生產規模，都可以把總成本降到最低水平。也就是說，可以找到無數個類似於 a、b 和 c 的點，把這些點連接起來就形成了圖中的長期總成本 LTC 曲線。所以長期總成本曲線是短期總成本曲線的包絡線。

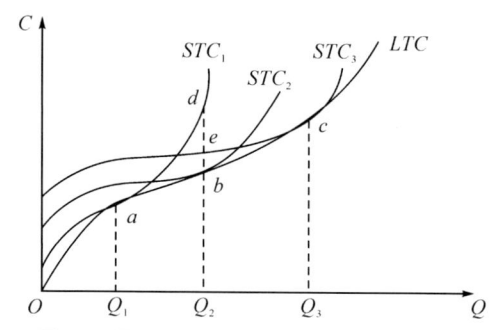

圖 5-3 最優生產規模的選擇和長期總成本曲線

二、長期平均成本函數和長期平均成本曲線

長期平均成本 LAC 表示廠商在長期內按產量平均計算的總成本。長期平均成本函數可以寫為：

$$\text{LAC}(Q) = \frac{\text{LTC}(Q)}{Q} \qquad (5.16)$$

1. U 形的長期平均成本曲線的推導

根據 (5.16) 式，我們可以畫出長期平均成本曲線。具體的做法是：把長期總成本 LTC 曲線上每一點的長期總成本值除以相應的產量，便得到這一產量上的長期平均成本值。再把每一個產量和相應的長期平均成本值描繪在產量和成本的平面坐標圖中，便可得到長期平均成本 LAC 曲線。此外，長期平均成本曲線也可以根據短期平均成本曲線求得。為了更好地理解長期平均成本曲線和短期平均成本曲線之間的關係，在此著重介紹后一種方法。

在圖 5-4 中有三條短期平均成本曲線 SAC_1、SAC_2 和 SAC_3，它們各自代表了三個不同的生產規模。在長期，廠商可以根據產量要求，選擇最優的生產規模進行生產。假定廠商生產 Q_1 的產量，則廠商會選擇 SAC_1 曲線所代表的生產規模，以 OC_2 的平均成本進行生產。而對於產量 Q_1 而言，平均成本 OC_2 是低於其他任何生產規模下的平均成本的。假定廠商生產的產量為 Q_2，則廠商會選擇 SAC_2 曲線所代表的生產規模進行生產，相應的最小平均成本為 OC_1。假定廠商生產的產量為 Q_3，則廠商會選擇 SAC_3 曲線所代表的生產規模進行生產，相應的最小平均成本為 OC_3。

在理論分析上，一個廠商在長期內可以假定有無數條短期總成本曲線。這樣一來，廠商可以在任何一個產量水平上，都找到相應的一個最優的生產規模，都可以把總成本降到最低水平。於是，便得到圖 5-5 中的長期平均成本 LAC 曲線。顯然，長期平均成本曲線是無數條短期平均成本曲線的包絡線。

此外，從圖 5-5 還可以看到，LAC 曲線呈現出 U 形的特徵。而且，在 LAC 曲線的下降段，LAC 曲線相切於所有相應的 SAC 曲線最低點的左邊；在 LAC 曲線的上升段，LAC 曲線相切於所有相應的 SAC 曲線最低點的右邊。只有在 LAC 曲線的最低點上，LAC 曲線才相切於相應的 SAC 曲線（圖中為 SAC_4 曲線）的最低點。長期平均成本曲線的 U 形特徵

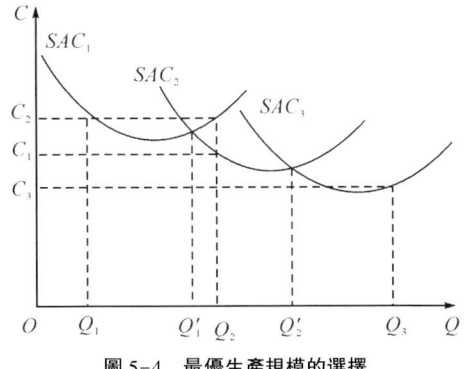

圖 5-4　最優生產規模的選擇

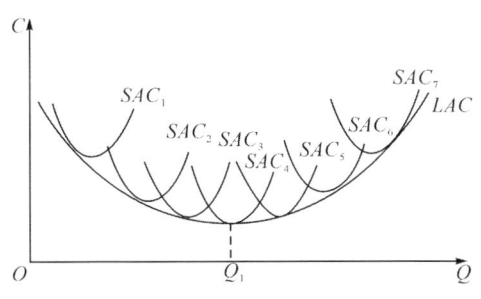

圖 5-5　長期平均成本曲線

是由長期生產中的規模經濟和規模不經濟決定的。

　　在企業生產擴張的開始階段，廠商由於擴大生產規模而使經濟效益得到提高，這叫規模經濟。當生產擴張到一定的規模以後，廠商繼續擴大生產規模，就會使經濟效益下降。這叫規模不經濟。或者說，廠商產量增加的倍數大於成本增加的倍數，為規模經濟；相反，廠商產量增加的倍數小於成本增加的倍數，為規模不經濟。顯然，規模經濟和規模不經濟都是由廠商變動自己的企業生產規模所引起的，所以，也被稱為內在經濟和內在不經濟。一般來說，在企業的生產規模由小到大的擴張過程中，會先後出現規模經濟和規模不經濟。正是規模經濟和規模不經濟的作用，決定了長期平均成本 LAC 曲線表現出先下降後上升的 U 形特徵。

　　2. 長期平均成本曲線的移動

　　企業外在經濟是由於廠商的生產活動所依賴的外界環境得到改善而產生的。例如，整個行業的發展，可以使行業內的單個廠商從中受益。相反，如果廠商的生產活動所依賴的外界環境惡化了，則是企業的外在不經濟。例如，整個行業的發展，使得生產要素的價格上升，交通運輸緊張，從而給行業內的單個廠商的生產帶來困難。長期平均成本曲線的移動需要用企業的外在經濟和外在不經濟的概念來解釋。具體地說，外在經濟使廠商的長期平均成本曲線向下移動，外在不經濟使廠商的長期平均成本曲線向上移動。

三、長期邊際成本函數和長期邊際成本曲線

長期邊際成本 LMC 表示廠商在長期內增加一單位產量所引起的最低總的增量。長期邊際成本函數可以寫為：

$$\text{LMC}(Q) = \frac{\Delta \text{LTC}(Q)}{\Delta Q} \tag{5.17}$$

或

$$\text{LMC}(Q) = \lim_{\Delta Q \to 0} \frac{\Delta \text{LTC}(Q)}{\Delta Q} = \frac{d\text{LTC}(Q)}{dQ} \tag{5.18}$$

1. 長期邊際成本曲線的推導

根據（5.18）式，我們可以畫出長期邊際成本曲線。具體做法是：將每一個產量水平上的 LTC 曲線的斜率值描繪在產量和成本的平面坐標圖中，便可得到長期邊際成本 LMC 曲線。此外，長期邊際成本 LMC 曲線也可以由短期邊際成本 SMC 曲線得到。下面將對這種方法予以說明。

從推導長期總成本曲線圖5-3中可見，長期總成本曲線是無數條短期成本曲線的包絡線。在長期的每一個產量水平，LTC 曲線都與一條代表最優生產規模的 STC 曲線相切，這說明這兩條曲線的斜率是相等的。根據（5.18）式，LTC 曲線相率是相應的 LMC 值，STC 曲線的斜率是相應的 SMC 值（因為 $\text{SMC} = \frac{d\text{STC}(Q)}{dQ}$），因此可以推知，在長期內的每一個產量水平上，LMC 值都與代表最優生產規模的 SMC 值相等。根據這種關係，便可以由 SMC 曲線推導 LMC 曲線。但是，與長期總成本曲線和長期平均成本曲線的推導不同，長期邊際成本曲線不是短期邊際成本曲線的包絡線。它的推導如圖5-6所示。

圖 5-6 長期邊際成本曲線

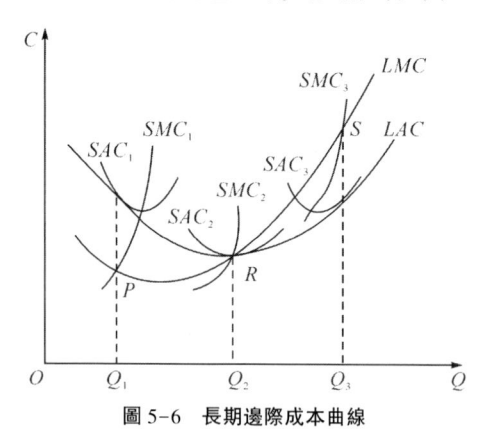

圖5-6中，在每一個產量水平，代表最優生產規模的 SAC 曲線都有一條相應的 SMC 曲線，每一條 SMC 曲線都過相應的 SAC 曲線最低點。在 Q_1 的產量上，生產該產量的最優生產規模由 SAC_1 曲線和 SMC_1 曲線代表，相應的短期邊際成本由 P 點給出，PQ_1 既是最優的短期邊際成本，又是長期邊際成本，即有 $\text{LMC} = SMC_1 = PQ_1$。或者說，在 Q_1 的產量上，長期邊際成本 LMC 等於最優生產規模的短期邊際成本 SMC_1，它們都等於 PQ_1 的高度。同理，在 Q_2 的產量上，有 $\text{LMC} = SMC_2 = RQ_2$。在 Q_3 的產量上，有 $\text{LMC} = SMC_3 = SQ_3$。在生產

規模可以無限細分的條件下，可以得到無數個類似 P、R 和 S 的點，將這些點連接起來便得到一條光滑的長期成本 LMC 曲線。

2. 長期邊際成本曲線的形狀

如圖 5-6 所示，長期邊際成本曲線呈 U 形，它與長期平均成本曲線相交於長期平均成本曲線的最低點。其原因在於：根據邊際量和平均量之間的關係，當 LAC 曲線處於下降段時，LMC 曲線一定處於 LAC 曲線的下方，也就是說，此時 LMC<LAC，LMC 將 LAC 拉下；相反，當 LAC 曲線處於上升段時，LMC 曲線一定位於 LAC 曲線的上方，也就是說，此時 LMC>LAC，LMC 將 LAC 拉上。由於 LAC 曲線在規模經濟和規模不經濟的作用下呈先降後升的特徵，因此，LMC 曲線必然呈現先降後升的 U 形特徵，並且，兩條曲線相交於 LAC 曲線的最低點。

【綜合案例討論】

沉沒成本[①]

1. 事件一：

中國航空工業第一集團公司在 2000 年 8 月決定今后民用飛機不再發展干線飛機，而轉向發展支線飛機。這一決策立時引起廣泛爭議和反彈。該公司與美國麥道公司於 1992 年簽訂合同合作生產 MD90 干線飛機。1997 年項目全面展開，1999 年雙方合作製造的首架飛機成功試飛，2000 年第二架飛機再次成功試飛，並且兩架飛機很快取得美國聯邦航空局頒發的單機適航證。這顯示中國在干線飛機制造和總裝技術方面已達到 20 世紀 90 年代的國際水平，並具備了小批量生產能力。就在此時，MD90 項目下馬了。在各種支持或反對的聲浪中，討論的角度不外乎兩大方面：一是基於中國航空工業的戰略發展，二是基於項目的經濟因素考慮。單從經濟角度看，干線項目上馬、下馬之爭可以說為「沉沒成本」提供了最好的案例。許多人反對干線飛機項目下馬的一個重要理由就是，該項目已經投入數十億元巨資，上萬人傾力奉獻，耗時六載，在剛嘗勝果之際下馬，造成的損失實在太大了。這種痛苦的心情可以理解，但絲毫不構成該項目應該上馬的理由，因為不管該項目已經投入了多少人力、物力、財力，對於上下馬的決策而言，其實都是無法挽回的沉沒成本。

2. 事件二：

QC 公司是世界上最大的食品生產企業之一。1990 年，QC 公司瞄準發展中的中國飲用水行業，投資近 2 億元人民幣在天津興建礦泉水廠。1998 年又耗資 4000 萬元人民幣收購上海某飲料廠，並增加投資 3 億元人民幣擴建成年產 5 億公升純淨水的現代化生產基地。

然而，QC 在中國飲用水市場上面臨著諸多困難，如相對於國內很多競爭對手缺少價格優勢，相對於如達能集團這樣的國際競爭對手又缺少規模優勢。

在上述背景下，雖然 QC 公司憑藉其成功的中國營銷隊伍、優質品牌效益可以吸引一部分高端客戶群並佔有一定市場，然而維持低價銷售且無法達到規模產量，長期虧損則不

[①] 唐溯，周道洪. 別讓沉沒成本誤導決策 [J]. 世界經理人文摘，2001 (3).

可避免,退出似乎成為不得不考慮的選擇。然而,實際上,由於存在巨大的沉沒成本,QC想要退出也不容易。QC在華飲用水項目固定投資巨大,如果退出、廠房、土地、通用機器設備雖有可能部分收回,但資產處置時間很長,針對飲用水的廣告成本完全付之東流,沉沒成本總計超過8億元人民幣。

反之,如果維持經營,市場分析結果表明QC公司仍有機會在高端產品保持優勢,佔有一定市場份額。特別在5加侖(1加侖≈4.546升,全書同)大桶水市場,QC公司有豐富經驗,是美國等地的市場領導者,具有明顯優勢。經過努力,飲用水產量可能達到1.5億升以上。雖然這僅為設計生產能力的三分之一,但是公司可以至少保持每年20%~30%的毛利,約為2000萬元人民幣。

經過全面的市場調研和縝密分析,該公司董事會決定繼續飲用水工廠的生產經營。提出利用QC公司在中國成功的營銷網絡和經驗,繼續擴大市場和銷售。同時公司還實施減少外籍人員、加快管理人員本地化、壓縮廣告開支等節流措施,努力降低虧損額。從2002年情況看,公司銷售業績與2001年大體持平,但是管理費用和銷售費用明顯下降,淨虧損大幅度下降。

那麼,究竟什麼是沉沒成本呢?沉沒成本是指業已發生或承諾、無法回收的成本支出,如因失誤造成的不可收回的投資。沉沒成本是一種歷史成本,對現有決策而言是不可控成本,不會影響當前行為或未來決策。從這個意義上說,在投資決策時應排除沉沒成本的干擾。

沉沒成本可以是固定成本,也可以是變動成本。企業在撤消某個部門或是停止某種產品生產時,沉沒成本中通常既包括機器設備等固定成本,也包括原材料、零部件等變動成本。

以「事件一」中的中國幹線飛機項目為例,終止該項目的機會成本是繼續進行該項目未來可能獲得的淨收益(扣除新增投資後)。如果不能產生正的淨收益,下馬就是最好的出路。即使有了正的淨收益,還必須看其投資回報率(淨收益÷新增投資)是否高於企業的平均回報。倘若低於平均回報,也應當忍痛下馬。事實上,幹線項目下馬完全是基於該項目的投資回報率預期太低的結果。原打算生產150架飛機,到1992年首次簽約時定為40架,后又於1994年降至20架,並約定由中方認購。但民航只同意購買5架,其餘15架沒有著落。可想而知,在沒有市場的情況下,繼續進行該項目會有怎樣的未來收益。

在短期內,記住「固定成本與生產決策無關」這個結論是重要的。理論上,投資經營決策在短期內只與「可變成本」的變化(即邊際成本)有關。這意味著,當投資經營決策是在已經發生和支付了固定成本或沉沒成本之後做出時,那麼投資經營決策就不該建立在對這些成本進行考慮的基礎上;相反,投資經營決策依然應建立在對市場需求的預期基礎上。換句話說,投資經營決策應該是朝前看而不是朝后看。但從長期來說,你必須考慮你的全部成本才是最優的決策。也就是說,在長期內,只有保障經濟上(成本上)有效率的決策才是最好的決策。

思考與分析:

(1) 什麼是沉沒成本?它與其他成本的關係如何?在決策中如何正確看待沉沒成本?

(2) 在本案例的兩個事件中沉沒成本是如何表現的?它會如何影響人們的決策?

(3) 請你分析或預測本案例兩個事件中企業決策的后果如何?你傾向於哪種決策?

（4）你還能舉出你的身邊發生的或看到、瞭解到的沉沒成本影響人們決策的例子嗎？

【復習與思考】

一、名詞解釋

機會成本

顯性成本

隱性成本

經濟利潤

正常利潤

邊際報酬遞減規律

總成本

平均成本

邊際成本

不變成本

可變成本

二、單項選擇題

1. 老板王二從企業的總收入中取出一部分作為自己所提供的店鋪的租金，這部分資金被視為（　　）。

  A. 顯性成本   B. 隱性成本

  C. 經濟利潤   D. 會計利潤

2. 企業購買生產要素所引起的費用是（　　）。

  A. 顯性成本   B. 隱性成本

  C. 會計成本   D. 固定成本

3. 生產某產品的機會成本表示（　　）。

  A. 廠商在市場上購買生產要素所花費的成本

  B. 實現利潤最大化時的生產成本

  C. 增加單位產量所引起的總成本的增加量

  D. 將生產該產品的生產要素花費在其他用途所可能獲得的最高收入

圖 5-7 為某廠商短期總成本曲線圖，據此回答 3~5 題。

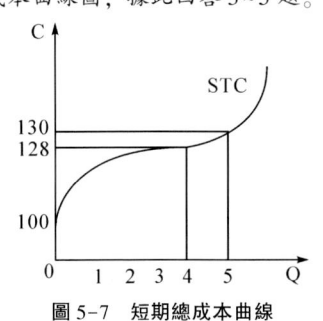

圖 5-7　短期總成本曲線

3. 5單位產出的邊際成本是（　　）。
   A. 0元　　　　　　　　　　B. 2元
   C. 2.6元　　　　　　　　　D. 6元
4. 產出為5單位時，平均不變成本為（　　）。
   A. 5元　　　　　　　　　　B. 20元
   C. 26元　　　　　　　　　 D. 100元
5. 產出為5單位時，平均可變成本為（　　）。
   A. 0元　　　　　　　　　　B. 2元
   C. 2.6元　　　　　　　　　D. 6元

三、計算題

1. 已知某廠商的短期總成本函數為 STC（Q）= $Q^3-6Q^2+20Q+80$。
  （1）指出該短期成本函數中的可變成本部分和不變成本部分。
  （2）寫出下列相應的函數：TVC（Q）、AC（Q）、AVC（Q）、AFC（Q）和 MC（Q）。

2. 已知某廠商的短期邊際成本函數為 SMC（Q）= $3Q^2+4Q+40$，若當產量 Q=10 時總成本為 1630 元，求短期總成本函數 STC、短期平均成本函數 SAC、總可變成本函數 TVC 和平均可變成本函數 AVC。

3. 已知某廠商的短期總成本函數為 STC（Q）= $0.04Q^3-0.8Q^2+12Q+9$，求平均可變成本 AVC 的最小值。

4. 假定生產某產品的邊際成本函數為 MC（Q）= $200+0.1Q$，求當產量從 100 單位增加到 200 單位時總成本的變化量。

四、簡述題

1. 試述短期成本和長期平均成本之間的關係。
2. 試述短期平均成本曲線和長期平均成本曲線都呈 U 形的原因。

五、分析題

某企業計劃投資擴大生產，其可供選擇的籌資方法有兩種：一是利用利率為 8% 的銀行貸款；二是利用企業已經累積的利潤留成。該企業經理認為應該選擇後者，理由是不用支付利息而比較便宜。你如何評價該經理的觀點？

第六章 完全競爭市場

【導入案例】

棉紡織業的變局[①]

20 世紀 70 年代末，改革開放以來，中國製造業開始了向市場經濟轉軌的過程。競爭能促進效率提高、技術進步和產業組織結構的改善，中國許多製造業的轉軌過程也表明了這一點。然而，棉紡織業在轉軌過程中的表現，卻提供了一個頗具挑戰性的案例。

棉紡織業是中國製造業中開始轉軌最早、產品市場進入競爭狀態時間最長、競爭程度最激烈的行業之一，理論上推論，也應該是增長最快、效率提高最顯著、產業組織結構最合理的行業之一。但是，在經歷了 20 年轉軌過程之後，這個行業卻成為中國製造業中持續虧損時間最長、效益最差、產業組織結構改善最不明顯的行業之一。1991—1997 年 7 年間，棉紡織行業有 6 年全行業虧損。中國製造業轉軌過程中受到批評最多的問題如生產分散、企業規模趨小、重複建設、重複生產等，在棉紡織行業中都有典型表現。按通常表述，這個行業存在嚴重的「生產能力過剩」和「過度競爭」的問題，尚未建立起「有效的競爭秩序」。棉紡織行業的困境已經引起中央決策層的關注，並將解決其困境作為「國有企業改革和解困的突破口」。為什麼同樣處在轉軌過程中，不同行業的實績如此不同？為什麼競爭會導致如此不同的結果？

在實際經濟中，市場條件不同，企業的行為必然不同，商品價格的決定因素也就不同。不同的市場競爭程度不一樣，廠商的壟斷力也不一樣。在市場中經營的企業都希望能獲得壟斷地位並憑藉壟斷地位獲得高額利潤。廠商數目越多，競爭就越激烈。廠商數目越少，壟斷市場就越有可能。本章開始將要研究不同市場條件下產品的價格和產量是如何決定的，以及廠商如何根據市場價格和生產成本進行生產和銷售，以獲得最大化利潤。

根據廠商在產品市場上的競爭和壟斷程度，經濟學把市場分成完全競爭、完全壟斷、壟斷競爭和寡頭壟斷四個類型，如表 6-1 所示。本章主要討論在完全競爭市場條件下廠商如何按照利潤最大化原則決定均衡價格和均衡產量。

表 6-1   市場類型的劃分和特徵

市場類型	廠商數目	產品差別程度	對價格控制的程度	進出一個行業的難易程度	接近哪種商品市場
完全競爭	很多	完全無差別	沒有	很容易	一些農業品

[①] 江小涓. 體制轉軌中的增長、績效與產業組織演化——對中國若干行業的實證研究 [M]. 上海：上海人民出版社，1999.

表6-1(續)

市場類型	廠商數目	產品差別程度	對價格控製的程度	進出一個行業的難易程度	接近哪種商品市場
壟斷競爭	很多	有差別	有一些	比較容易	一些輕工產品、零售業
寡頭競爭	幾個	有差別或無差別	相當程度	比較困難	鋼、汽車、石油
完全壟斷	唯一	唯一的產品，且無相近的替代品	很大程度，但經常受到管制	很困難，幾乎不可能	公用事業，如水、電

第一節　完全競爭市場的含義

　　完全競爭（Perfect Competition），又稱純粹競爭，是指一種競爭完全不受任何阻礙和干擾的市場。完全競爭市場是所有市場結構中的一個極端，必須具備以下四個條件：

　　第一，市場上存在大量的買者和賣者。由於市場上有無數的買者和賣者，所以，相對於整個市場的總需求量和總供給量而言，每一個買者的需求量和每一個賣者的供給量都是微不足道的，都好比是一桶水中的一滴水。在這樣的市場中，每一個消費者或每一個廠商對市場價格沒有任何的控製力量，他們每一個人都只能被動地接受既定的市場價格，他們被稱為價格接受者。

　　第二，市場上每一個廠商提供的商品都是完全同質的。這裡的商品同質指廠商之間提供的商品是完全無差別的，它不僅指商品的質量、規格、商標等完全相同，還包括購物環境、售後服務等方面也完全相同。對於消費者來說，購買任何一家廠商的產品都是一樣的，任何一個廠商都不能憑藉自己產品的特殊性來影響價格。單個廠商總是可以按照既定的市場價格實現屬於自己的那一份相對來說很小的銷售份額。

　　第三，所有的資源具有完全的流動性。這意味著廠商進入或退出一個行業是完全自由和毫無困難的。所有資源可以在各廠商之間和各行業之間完全自由地流動，不存在任何障礙。這樣，任何一種資源都可以及時地投向能獲得最大利潤的生產，並及時從虧損的生產中退出。在這樣的過程中，缺乏效率的企業將被市場淘汰，取而代之的是具有效率的企業。

　　第四，信息是完全的。市場上所有的賣者和買者都掌握有關市場的全部信息，買者不可能受騙以高於市場價格的價格去購買，賣者也不會以低於市場價格去銷售。生產要素在市場上的流動是理性的。

　　理論分析中所假設的完全競爭市場的條件是非常苛刻的。在現實經濟生活中，真正符合以上四個條件的市場是不存在的。通常只是將一些農產品市場，如大米市場、小麥市場等，看成比較接近完全競爭市場的。既然在現實經濟生活中並不存在完全競爭市場，為什麼還要建立和研究完全競爭市場模型呢？這是因為，從對完全競爭市場模型的分析中，可以得到關於市場機制及其配置資源的一些基本原理，而且，該模型也可以為其他類型市場的經濟效率分析和評價提供一個參照對比。

第二節　完全競爭廠商的需求曲線和收益曲線

一、完全競爭廠商的需求曲線

市場上對某一個廠商的產品的需求狀況，可以用該廠商所面臨的需求曲線來表示，該曲線也被簡稱為廠商的需求曲線。在完全競爭市場上，由於廠商是既定市場價格的接受者，所以，完全競爭廠商的需求曲線是一條由既定市場價格水平出發的水平線，如圖 6－1 所示。在圖 6－1 (a) 中，市場的需求曲線 D 和供給曲線 S 相交的均衡點正是市場的均衡價格 P_e，相應地，在圖 6－1 (b) 中，由給定的價格水平 P_e 出發的水平線 d 就是廠商的需求曲線。水平的需求曲線意味著：廠商只能被動地接受給定的市場價格，且廠商既不會也沒有必要去改變這一價格水平。

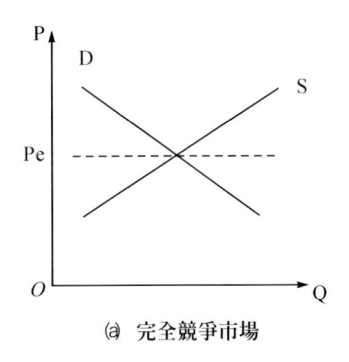

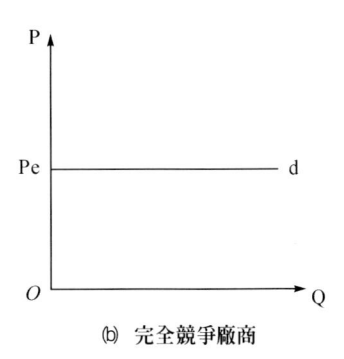

(a) 完全競爭市場　　　(b) 完全競爭廠商

圖 6－1　完全競爭廠商的需求曲線

需要注意的是，在完全競爭市場中，單個消費者和單個廠商無力影響市場價格，他們中的每一個人都是被動地接受既定的市場價格，但這些並不意味著完全競爭市場的價格是固定不變的。在其他一些因素的影響下，如經濟中消費者收入水平的普遍提高，經濟中先進技術的推廣，或者政府有關政策的作用，等等，使得眾多消費者的需求量和眾多生產者的供給量發生變化時，供求曲線的位置就有可能發生移動，從而形成市場的新的均衡價格。在這種情況下，我們就會得到由新的均衡價格水平出發的一條水平線，如圖 6－2 所示。在圖 6－2 中，開始時的需求曲線為 D_1，供給曲線為 S_1，市場的均衡價格為 P_1，相應的廠商的需求曲線是價格水平 P_1 出發的一條水平線 d_1。以後，當需求曲線的位置由 D_1 移至 D_2，同時供給曲線的位置由 S_1 移至 S_2 時，市場均衡價格上升為 P_2，於是相應的廠商的需求曲線是由新的價格水平 P_2 出發的另一條水平線 d_2。不難看出，廠商的需求曲線可以出自各個不同的給定的市場的均衡價格水平，但它們總是呈水平線的形狀。

(a) 完全競爭市場　　　　　　　　(b) 完全競爭廠商

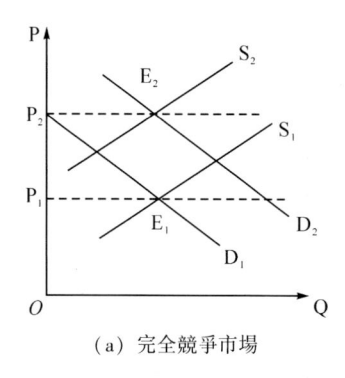

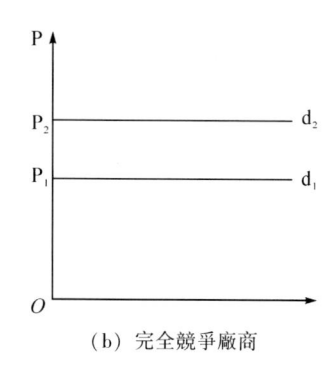

圖 6-2　完全競爭市場的價格變動和廠商的需求曲線

二、完全競爭廠商的收益曲線

在此，我們先介紹廠商的收益這一概念，然後，將具體分析完全競爭廠商收益曲線的一些特徵及其相互之間的關係。

1. 廠商的收益的概念

廠商的收益就是廠商的銷售收入。廠商的收益可以分為總收益（TR）、平均收益（AR）和邊際收益（MR）。

總收益（Total Revenue, TR）指廠商按一定價格出售一定量產品時所獲得的全部收入。以 P 表示既定的市場價格，以 Q 表示銷售總量，總收益的定義公式為：

$$TR = P \cdot Q \tag{6.1}$$

平均收益（Average Revenue, AR）指廠商在平均每一單位產品銷售上所獲得的收入。平均收益的定義公式為：

$$AR(Q) = \frac{TR(Q)}{Q} \tag{6.2}$$

邊際收益（Marginal Revenue, MR）指廠商增加一單位產品銷售所獲得的總收入的增量。邊際收益的定義公式為：

$$MR(Q) = \frac{\Delta TR(Q)}{\Delta Q} \tag{6.3}$$

或者

$$MR(Q) = \lim_{\Delta Q \to 0} \frac{\Delta TR(Q)}{\Delta Q} = \frac{dTR(Q)}{dQ} \tag{6.4}$$

由（6.4）式可知，每一銷售水平上的邊際收益值就是相應的總收益曲線的斜率。

2. 完全競爭廠商的收益曲線

廠商的收益取決於市場上對其產品的需求狀況，或者說，廠商的收益取決於廠商的需求曲線的特徵。在不同的市場類型中，廠商的需求曲線具有不同的特徵。在以後的分析中，我們均假定廠商的銷售量等於廠商所面臨的需求量。

對單個廠商而言，市場價格一旦確定以後，按既定的市場價格出售產品，每單位產品的售價也就是單位產品的平均收益，所以可以用廠商的需求曲線來表示其平均收益曲線。

另外，不管單個廠商的銷售量如何變化，單位產品的市場價格始終不變，所以隨著銷售量的增加，總收益的增量始終不變，都等於產品價格。從而在完全競爭市場上，單個廠商的需求曲線、邊際收益曲線和平均收益曲線重合，如圖 6-3 所示，MR＝AR＝d。

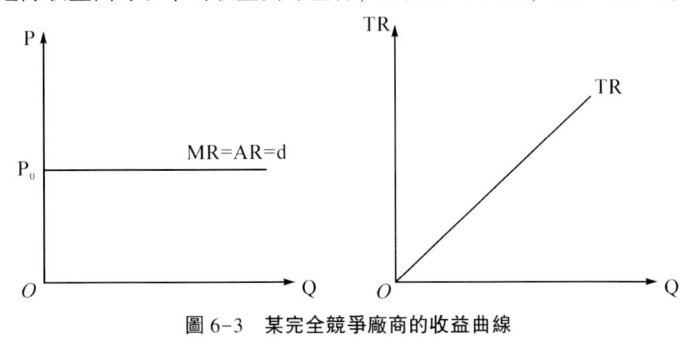

圖 6-3　某完全競爭廠商的收益曲線

第三節　廠商實現利潤最大化的均衡條件

廠商進行生產的目的是追求最大化的利潤，那麼，什麼是廠商實現利潤最大化的均衡條件呢？我們首先分析廠商利潤最大化的產量決策，不管該廠商所處何種類型的市場環境，利潤都是收入與成本的差額，所以為了確定廠商利潤最大化的產量水平，我們必須分析它的成本和收入。

我們先利用圖 6-4 來尋找廠商實現最大利潤的生產均衡點。圖 6-4 中，有某完全競爭廠商的一條短期生產的邊際成本 SMC 曲線和一條由既定價格水平 P_1 出發的水平的需求曲線 d，這兩條線相交於 E 點。我們說，E 點就是廠商實現最大利潤的生產均衡點，相應的產量 Q^* 就是廠商實現最大利潤時的均衡產量。這是因為，具體地看，當產量小於均衡產量 Q^*，例如為 Q_1 時，廠商的邊際收益大於邊際成本，即有 MR＞SMC。這表明廠商增加一單位產量所帶來總收益的增加量大於所付出的總成本的增加量，也就是說，廠商增加產量是有利的，可以使利潤得到增加。所以，只要 MR＞SMC，廠商就會增加產量。同時，隨著產量的增加，廠商的邊際收益 MR 保持不變而廠商的邊際成本 SMC 是逐步增加的，最後，MR＞SMC 的狀況會逐步變化成 MR＝SMC 的狀況。在這一過程中，廠商得到了擴大產量所帶來的全部好處，獲得了他所能得到的最大利潤。相反，當產量大於均衡產量 Q^*，例如為 Q_2 時，廠商的邊際收益小於邊際成本，即有 MR＜SMC。這表明廠商增加一單位產量所帶來的總收益的增加量小於所付出的總成本的增加量，也就是說，廠商增加產量是不利的，會使利潤減少。所以，只要 MR＜SMC，廠商就會減少產量。同時，隨著產量的減少，廠商的邊際收益仍保持不變，而廠商的邊際成本 SMC 是逐步下降的，最后 MR＜SMC 的狀況會逐步變成為 MR＝SMC 的狀況。在這一過程中，廠商所獲得的利潤逐步達到最高的水平。

由此可見，不管是增加產量，還是減少產量，廠商都是在尋找能夠帶來最大利潤的均衡產量，而這個均衡產量就是使得 MR＝SMC 的產量。所以，我們說，邊際收益 MR 等於邊際成本 MC 是廠商實現利潤最大化的均衡條件。

图 6-4　利润最大化

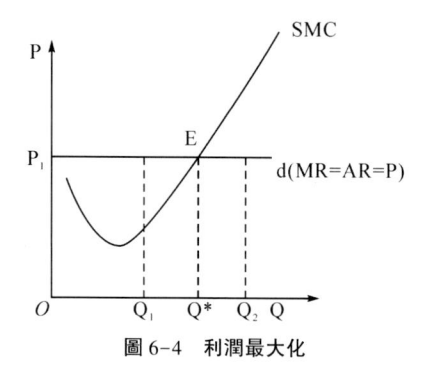

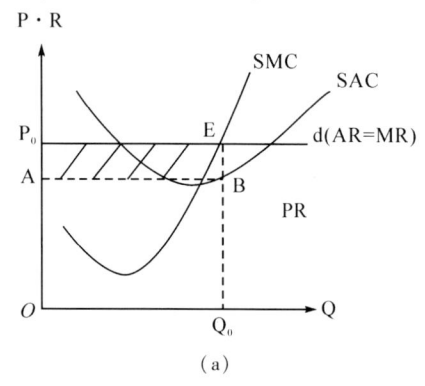

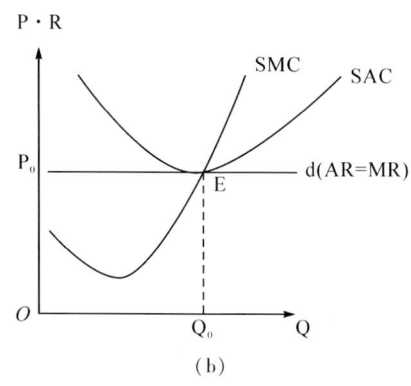

第四节　完全竞争厂商的短期均衡和短期供给曲线

一、完全竞争厂商的短期均衡

在完全竞争厂商的短期生产中，市场的价格是给定的，而且，生产中的不变要素的投入量是无法变动的，即生产规模也是给定的。因此，在短期，厂商是在给定的生产规模下，通过对产量的调整来实现 MR＝SMC 的利润最大化的均衡条件。

我们知道，当厂商实现 MR＝SMC 时，有可能获得利润，也可能亏损，把各种可能的情况都考虑在内，完全竞争厂商的短期均衡可以具体表现为图 6-6 中的五种情况。

第一种情况：获得超额利润。

获得超额利润的短期均衡 AR>SAC，即超过正常利润的利润。当一种商品由于各种原因出现供不应求时，价格必定上涨。MC 与 MR（＝AR）的交点在 MC 与 AC 的交点上方，从而 AR>AC，此时总收益 TR＝AR·Q_0，总成本 TC＝AC·Q_0，而 AR>AC，所以 AR·Q_0>AC·Q0，即总收益 TR>总成本 TC，其值等于 AR·Q_0－AC·Q_0＝（AR－AC）Q_0，如图 6-5（a）所示。由于这时，新的厂商还没来得及参加进来，老的厂商不能扩大工厂规模，因而，厂商获得超额利润。

(a)　　　　　　　　　　(b)

图 6-5　完全竞争厂商的短期均衡

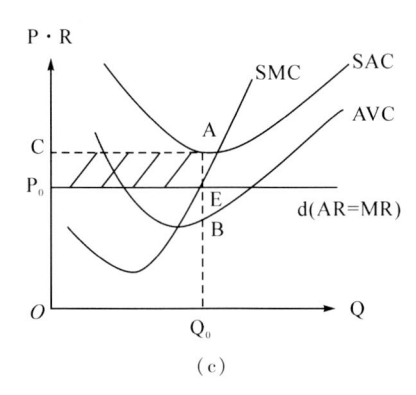

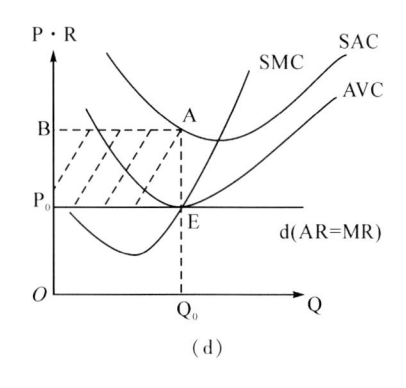

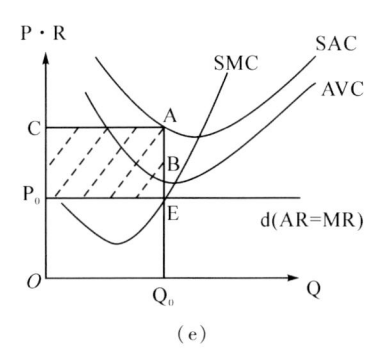

第二种情况：获得正常利润。

盈亏平衡的短期均衡 AR＝AC，厂商获得正常利润。当供求平衡时，MC 与 MR 的交点也正好是与 AC 的交点，即 MR＝MC＝AR＝AC，此时总收益 TR＝AR·Q_0，总成本 TC＝AC·Q_0，而 AR＝AC，所以 AR·Q_0＝AC·Q_0，即总收益（TR）＝总成本（TC）。如图 6-5（b）所示。此时，厂商获正常利润，在成本理论中说过，正常利润是总成本的一部分。此时现有厂商不愿意离开这个行业，没有新的厂商愿意加入这个行业。

第三种情况：有亏损，但仍可生产。

当一种商品由于各种原因出现供过于求时，价格必定下跌。MC 与 MR（＝AR）的交点在 MC 与 AC 的交点下方，从而 AR＜AC，此时总收益 TR＝AR·Q_0，总成本 TC＝AC·Q_0，而 AR＜AC，所以 AR·Q_0＜AC·Q_0，即总收益 TR＜总成本 TC，其值等于 AC·Q_0－AR·Q－＝（AC－AR）Q_0。这时原有厂商来不及缩小规模或退出该行业，因而，厂商发生亏损。但在最佳产量 Q_0 处，AVC＜AR＜AC，如图 6-5（c）所示，平均收益高于平均可变成本，但仍小于平均成本。这时，虽然亏损发生，但厂商从事生产还是有利的，因为所得到的收益能弥补一部分固定成本，使得亏损额比不生产时小些。假若它停止生产，它将负担全部的固定成本损失。

第四种情况：停止营业点。

位于停止营业点时，AR＝AVC。当价格等于 OP_0 时，平均收益恰好等于平均可变成本，厂商从事生产和不从事生产所受的亏损是一样的，其亏损额都等于固定成本。这时厂

商處於營業的邊際狀態。因此，價格等於最低的平均可變成本這一點［圖6-5（d）中的均衡點E］就叫作停止營業點。

第五種情況：停止生產。

此時，AR<AVC。當價格等於OP_0時，平均收益小於平均可變成本，此時，如果繼續生產，則全部收益連可變成本都無法彌補，因此應停止生產，如圖6-5（e）所示。

綜上所述，完全競爭廠商短期均衡的條件是：

$$MR=SMC \qquad (6.5)$$

式中，MR=AR=P。在短期均衡時，廠商的利潤可以大於零，也可以等於零，或者小於零。

二、完全競爭廠商的短期供給曲線

供給曲線是用來表示在每一個價格水平廠商願意而且能夠提供的產品的數量。在完全競爭市場上，廠商的短期供給曲線可以用短期邊際成本SMC曲線來表示。

對完全競爭廠商來說，有P=MR，所以，完全競爭廠商的短期均衡條件又可以寫成P=MC（Q）。此式可以這樣理解：在每一個給定的價格水平P，完全競爭廠商應該選擇最優的產量Q，使得P=MC（Q）成立，從而實現最大的利潤。這意味著在價格P和廠商的最優產量Q（即廠商願意而且能夠提供的產量）之間存在著一一對應的關係，而廠商的SMC曲線恰好準確地表明了這種商品的價格和廠商的短期供給量之間的關係。我們將圖6-5關於廠商短期均衡的五種可能的情況置於一張圖中進行分析，如圖6-6（a）所示。

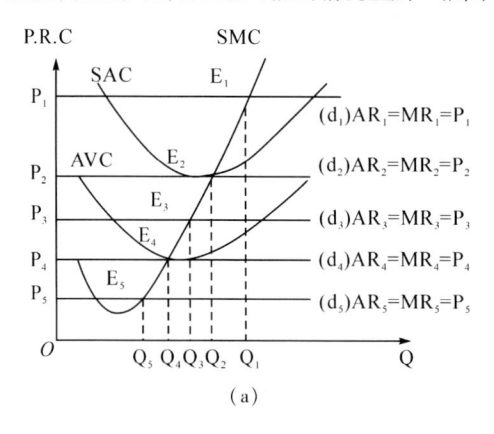

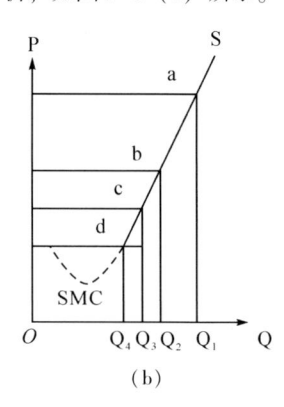

圖6-6 完全競爭廠商的短期供給曲線

當市場價格分別為P_1、P_2、P_3和P_4時，廠商根據MR=SMC（即P=SMC）的原則，選擇的最優產量順次為Q_1、Q_2、Q_3和Q_4。很清楚，SMC曲線上的E_1、E_2、E3和E_4點明確地表示了這些不同的價格水平與相應的不同的最優產量之間的對應關係。但必須注意到，廠商只有在P≥AVC時，才會進行生產，而在P<AVC時，廠商會停止生產。所以，廠商的短期供給曲線應該用SMC曲線上大於和等於AVC曲線最低點的部分來表示，即用SMC曲線大於和等於停止營業點的部分來表示。如圖6-6（b）所示，圖中SMC曲線上的實線部分就是完全競爭廠商的短期供給曲線S=S（P）。該線上的a、b、c和d點分別與圖

(a) 中 SMC 曲線上的 E_1、E_2、E_3 和 E_4 點相對應。

如圖 6-6（b）所示，完全競爭廠商的短期供給曲線是向右上方傾斜的，它表示了商品的價格和供給量之間同方向變化的關係。更重要的是，完全競爭廠商的短期供給曲線表示廠商在每一個價格水平的供給量都是能夠給他帶來最大利潤或最小虧損的最優產量。

第五節　完全競爭廠商的長期均衡

在完全競爭廠商的長期生產中，所有的生產要素都是可變的，廠商是通過對全部生產要素的調整，來實現 MR＝LMC 的利潤最大化的均衡原則。在完全競爭市場價格給定的條件下，廠商在長期生產中對全部生產要素的調整可以表現為兩個方面：一方面表現為對最優的生產規模的選擇，另一方面表現為進入或退出一個行業的決策。

一、廠商對最優生產規模的選擇

如圖 6-7 所示，假定最初價格為 P_3，短期中，只能用既定的生產規模進行生產，在 E_0 點實現短期均衡，有虧損。但長期中，可以調整生產規模，在 E_3 點實現均衡，獲得利潤；大量新廠商加入，使供給增加，市場價格猛降為 P_1，仍在 E_3 點生產會蒙受很大虧損，必須調整（縮小）生產規模，在 E_1 點實現均衡，這時，廠商仍有虧損，但虧損總量減少了。由於虧損，行業中原有廠商的一部分會退出，使供給減少，市場價格上升。廠商對生產規模的調整過程將一直持續到行業內單個廠商的利潤或虧損都消失為止，在 E_2 點實現長期均衡。

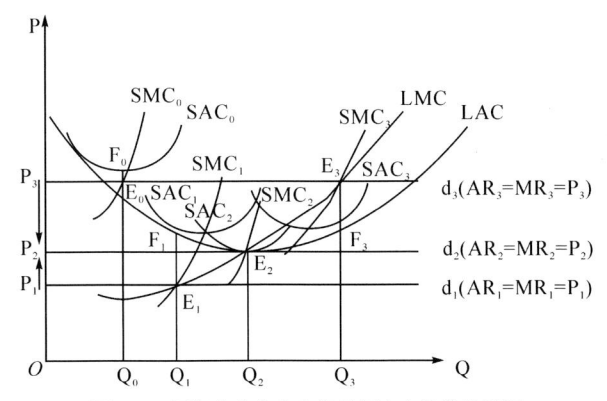

圖 6-7　長期生產中廠商對最優生產規模的選擇

二、廠商進出一個行業

假定某完全競爭行業中所有的企業是完全相同的，也就是假定每一個企業的生產成本和它所面臨的需求狀況是完全相同的。具體如圖 6-8 所示。

(1) 市場價格較高位 P_3，單個廠商在 E_3 點實現均衡，並獲得利潤。新廠商加入，行業供給增加，價格下降，d_3 向下平移。

(2) 市場價格較低位 P_1，單個廠商在 E_1 點實現均衡，並有虧損。部分廠商退出，行業供給減少，價格上升，d_1 向上平移。

(3) 最後，單個廠商所面臨的需求曲線為 d_2，在 E_2 點實現均衡。在均衡點 E_2，單個廠商的平均收益等於最低的長期平均成本，單個廠商在長期內既無利潤，也無虧損，即利潤為零。此時，行業內的廠商數目也不再變化。於是，單個廠商實現了長期均衡。

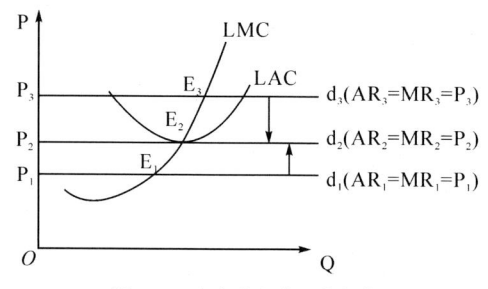

圖 6-8　廠商進入或退出行業

由此可見，完全競爭廠商長期均衡的條件為：

$$MR = LMC = SMC = LAC = SAC$$

其中，$MR = AR = P$。

【綜合案例討論】

農村春聯市場：完全競爭的縮影[1]

貼春聯是中國民間的一大傳統，春節臨近，春聯市場紅紅火火，而在農村，此種風味更濃。有記者在某農貿市場對周圍 7 個村 5000 余農戶的春聯需求進行了市場調查。

在該春聯市場中，需求者有 5000 多農戶，供給者為 70 多家零售商，市場中存在許多買者和賣者；供應商的進貨渠道大致相同，且產品的差異性很小，產品具有高度同質性（春聯所用紙張、製作工藝相同，區別僅在於春聯所書寫內容的不同）；供給者進入退出沒有限制；農民購買春聯時的習慣是逐個詢價，最終決定購買，信息充分；供應商的零售價格水平相近，提價基本上銷售量為零，降價會引起利潤損失。原來，中國有著豐富文化內涵的春聯，其銷售市場結構竟是一個高度近似的完全競爭市場。

供應商在銷售產品的過程中，都不願意單方面降價。春聯是農村過年的必需品，購買春聯的支出在購買年貨的支中只占很小的比例，因此其需求彈性較小。某些供應商為增加銷售量，擴大利潤而採取的低於同行價格定價的競爭方法，反而會使消費者認為其所經營的產品存在瑕疵（例如上年庫存，產品質量存在問題等），而不願購買。

該農村集貿市場條件簡陋，春聯商品習慣性席地擺放，大部分供應商都將春聯放入透明的塑料袋中以防塵，保持產品質量。而少部分供應商則更願意損失少部分產品暴露於陽

---

[1] 楊曉東. 農村春聯市場：完全競爭的縮影 [N]. 經濟學消息報，2004-06-25.

光下、寒風中，以此展示產品。因此就產生了產品之間的鮮明對照。暴露在陽光下的春聯更鮮豔，更能吸引消費者目光，刺激購買慾望，在同等價格下，該供應商銷量必定高於其他同行。由此可見，在價格競爭達到極限時，價格外的營銷競爭對企業利潤的貢獻不可小視。

春聯市場是一個特殊的市場，時間性很強，僅在年前存在 10 天左右，供應商只有一次批發購進貨物的機會。供應商對於該年購入貨物的數量主要基於上年銷售量和對新進入者的預期分析。如果供應商總體預期正確，則該春聯市場總體商品供應量與需求量大致相同，則價格相對穩定。一旦出現供應商總體預期偏差，價格機制就會發揮巨大的作用，將會出現暴利或者虧損。

綜上可見，小小的農村春聯市場竟是完全競爭市場的縮影與體現，橫跨經濟與管理兩大學科。

思考與分析：

1. 結合案例中的農村春聯市場，說明什麼是完全競爭市場？完全競爭市場的特徵是什麼？

2. 如果你是春聯的銷售商如何對以下商品進行定價，為自己找到快速而行之有效的致富方法？

(1) 小條幅，春聯中的必需品。

(2) 小號春聯，消費的數量最多。

(3) 大號春聯，消費的數量較少。

【復習與思考】

一、選擇題

1. 下列（　　）說法不是完全競爭市場的特徵。
    A. 存在許多企業
    B. 該行業的企業不對潛在的新進入者有什麼優勢
    C. 每個企業都生產略有差別的產品
    D. 對進入該行業不存在任何限制

2. 如果在某一產量水平上，某廠商的平均成本達到了最小值，這說明（　　）。
    A. 廠商的超額利潤為零　　　　B. 廠商獲得了最大利潤
    C. 廠商獲得了最小利潤　　　　D. 邊際成本等於平均成本

3. 如果以利潤最大化為目標的企業的邊際收益小於其邊際成本，那麼（　　）。
    A. 必然處於經濟虧損狀態　　　B. 必然獲得經濟利潤
    C. 應該減少其產量　　　　　　D. 應該增加其產量

4. 完全競爭市場中廠商的短期均衡條件為（　　）。
    A. P＝MC　　　　　　　　　　B. P＝AC
    C. P＝MR　　　　　　　　　　D. P＝AR

5. 短期中如果完全競爭廠商的（　　）高於其得到的價格，廠商將停止營業。
    A. 平均成本　　　　　　　　　B. 平均可變成本

C. 邊際成本 D. 平均固定成本

6. 在完全競爭市場上，廠商短期內繼續生產的最低條件是（   ）。
   A. AC＝AR B. AVC＜AR 或 AVC＝AR
   C. AVC＞AR 或 AVC＝AR D. MC＝MR
   E. P＞AC

7. 短期中，企業所能出現的最大經濟虧損是（   ）。
   A. 零 B. 其總成本
   C. 其可變總成本 D. 其固定成本

8. 如果完全競爭行業內某廠商在目前產量水平上的邊際成本、平均成本和平均收益均等於2美元，則該廠商（   ）。
   A. 只得到正常利潤 B. 得到超額利潤
   C. 虧損 D. 無法確定

9. 一個完全競爭廠商在短期均衡時可能是（   ）。
   A. AVC 下降階段 B. AC 下降階段
   C. MC 下降階段 D. 可變要素的平均產量上升階段

10. 一個完全競爭的廠商現能生產產品 Q＝100，其價格 P＝5，總成本＝200，其規模收益不變，則為了獲得更多的利潤，企業將（   ）。
    A. 進行技術創新
    B. 將價格定為6
    C. 擴大生產規模，以期在長期內獲得超額利潤
    D. 將價格定為4

11. 在 MR＝MC 的均衡產量上，企業（   ）。
    A. 必然得到最大的利潤
    B. 不可能虧損
    C. 必然得到最小的虧損
    D. 若獲利潤，則利潤最大，若虧損，則虧損最小

12. 在廠商的停止營業點上，應該有（   ）。
    A. AR＝AVC B. 總虧損等於 TFC
    C. P＝AVC D. 以上說法都對

13. 完全競爭廠商的短期供給曲線應該是（   ）。
    A. SMC 曲線上超過停止營業點的部分
    B. SMC 曲線上超過收支相抵點的部分
    C. SMC 曲線上的停止營業點和超過停止營業點以上的部分
    D. SMC 曲線上的收支相抵點和超過收支相抵點以上的部分
    E. SMC 曲線的上升部分

二、判斷題

1. 一個完全競爭行業的企業所面臨的需求曲線是完全無彈性的。
2. 完全競爭廠商的目標是收益最大化。
3. 如果邊際收益大於邊際成本，企業就可以通過減少產量來增加利潤。

4. 在長期中完全競爭廠商可能有經濟虧損，但在短期中不會。

5. 如果廠商的利潤為零，就實現了收支相抵。

6. 新廠商進入一個完全競爭行業中會提高價格並增加每個企業的利潤。

三、簡答題

1. 請區分在完全競爭市場條件下單個廠商的需求曲線、單個消費者的需求曲線以及市場的需求曲線。

2. 請分析在短期生產中追求利潤最大化的廠商一般會面臨哪幾種情況。

3. 為什麼完全競爭廠商的短期供給曲線是 SMC 曲線上等於和高於 AVC 曲線最低點的部分？

第七章 不完全競爭市場

【導入案例】

商家促銷的經濟學解釋[①]

假期臨近,同學們都思鄉心切,總是在詢問放假的時間,以便提前做好訂票的準備。各大航空公司也會針對學生、教師紛紛推出購票優惠政策。同一航空公司針對不同的區域,也有不同的價格政策。在昆明很容易以 750 元左右的價格買到從昆明到北京的經濟艙飛機票,但是在北京只能買到 1420 元的從北京到昆明的經濟艙飛機票。

在假期裡,自然少不了與親朋好友出去聚聚。選擇就餐地點的時候,大家會在團購的網站上尋找性價比高的飯店作為聚會的場所,因為作為顧客只要持有相關的電子優惠券或者團購券,就可以優惠價格享受某種套餐。

那麼餐廳為什麼要進行團購或者發放優惠券呢?為什麼我們乘的是同一航空公司的飛機,甚至是同一架飛機、同樣的機組、時間里程也一樣,價格竟然如此懸殊?

有人會說,這不就是商家的促銷行為嗎?沒錯,這是一種促銷,但是在經濟學上,商家依據一定的標準,對顧客採取不同的價格,來實現促銷的目的,這種價格操作方式並非因成本不同而造成的價格上的區別,叫作「差別定價」或者「價格歧視」。比如鐵路部門對學生、軍人和記者等特殊群體給予打折優惠,對低於一定高度的兒童實行免票;旅遊景點對團體購票和個人購票也是區別對待的,等等。

市場經濟條件下,市場競爭中最普遍、最有效的方式是價格競爭,生產商往往通過實施適當的定價策略獲取最大化利潤,其中較為常用的是價格歧視策略。通過上一章的學習,我們知道,在完全競爭市場中,單個的廠商或者單個的消費者,都是既定價格的接受者,那麼在什麼樣的市場類型中,廠商有權利通過改變市場價格,來實現利潤最大化?

本章主要介紹不完全競爭市場。不完全競爭市場是相對於完全競爭市場而言的,除完全競爭市場以外的所有的或多或少帶有一定壟斷因素的市場都被稱為不完全競爭市場。它們是完全壟斷市場、寡頭壟斷市場和壟斷競爭市場。其中,完全壟斷市場的壟斷程度最高,寡頭壟斷市場居中,壟斷競爭市場最低。

[①] 資料來源:編者根據各新聞稿件整理而來。

第一節　完全壟斷市場

一、完全壟斷的含義

完全壟斷（Monopoly），又稱獨占、賣方壟斷或純粹壟斷，是指整個市場完全處於一家廠商所控製的狀態，或者說是指一家廠商控製了某種產品全部供給的市場結構。

（一）完全壟斷市場形成的條件

1. 廠商數目唯一，一家廠商控製了某種產品的全部供給

完全壟斷市場上壟斷企業排斥其他競爭對手，獨自控製了一個行業的供給。由於整個行業僅存在唯一的供給者，因此，廠商即行業，行業即廠商。

2. 完全壟斷企業的產品不存在任何相近的替代品，需求的交叉彈性為零

壟斷企業控製了整個行業的供給，成為市場上唯一的供給者。也正是如此，完全壟斷企業成為市場價格的制定者，控製了整個行業的價格。完全壟斷企業可以有兩種經營決策：以較高價格出售較少產量，或以較低價格出售較多產量。

3. 其他任何廠商進入該行業都極為困難或不可能，要素資源難以流動

完全壟斷市場上存在進入障礙，其他廠商難以參與生產。

完全壟斷市場和完全競爭市場一樣，都只是一種理論假定，是對實際中某些產品的一種抽象，現實中絕大多數產品都具有不同程度的替代性。如同完全競爭市場一樣，完全壟斷市場的假設條件也很嚴格，在現實的經濟生活中，完全壟斷市場也幾乎是不存在的。

（二）完全壟斷市場形成的原因

1. 對資源的獨家控製

一家廠商控製了生產某種商品的全部資源或基本資源的供給。這種對生產資源的獨占，其他廠商就不能生產這種產品，排除了經濟中的其他廠商生產同種產品的可能性，從而該廠商就可能成為一個壟斷者。

2. 專利權

專利權是政府和法律允許的一種壟斷形式。專利權是為促進發明創造、發展新產品和新技術，而以法律的形式賦予發明人的一種權利。專利權禁止其他人生產某種產品或使用某項技術，除非得到發明人的許可。一家廠商可能因為擁有專利權而成為某種商品的壟斷者。不過專利權帶來的壟斷地位是暫時的，因為專利權有法律時效。

3. 政府的特許

某些情況下，政府通過頒發執照的方式限制進入某一行業的廠商數量，如大城市出租車駕駛等。

4. 自然壟斷

有些行業的生產具有這樣的特點：企業生產的規模經濟需要在一個很大的產量範圍和相應的巨大的資本設備的生產運行水平上才能得到充分的體現，以至於整個行業的產量只有由一個企業來生產時才有可能達到這樣的生產規模。而且，只要發揮這一企業在這一生

產規模上的生產能力，就可以滿足整個市場對該種產品的需求。在這類產品的生產中，行業內總會有某個廠商憑藉雄厚的經濟實力和其他優勢，最先達到這一生產規模，從而壟斷了整個行業的生產和銷售。這就是自然壟斷。許多公用事業，如電力供應、煤氣供應、鐵路運輸等，屬於典型的自然壟斷行業。

二、壟斷廠商的需求曲線和收益曲線

（一）壟斷廠商的需求曲線

在完全競爭市場，由於廠商數量眾多，單個廠商只能按照既定的市場價格出售任何數量的商品，是價格接受者，因而廠商面臨的是一條水平的需求曲線。而在完全壟斷市場上，一家廠商就是整個行業。因此，整個行業的需求曲線也就是一家廠商的需求曲線。

完全壟斷廠商是價格的制定者，他可以制定高價，也可以制定低價，但他也要受市場需求規律的限制。因為，如果他制定高價，銷售量就必然下降，要擴大銷售量，就必須降低價格，這意味著完全壟斷市場上需求量與價格成反方向變動，壟斷廠商所面臨的需求曲線是一條向右下方傾斜的曲線。

（二）壟斷廠商的收益曲線

廠商所面臨的需求狀況直接影響廠商的收益，這便意味著廠商的需求曲線的特徵將決定廠商的收益曲線的特徵。在完全壟斷市場上，廠商是價格的制定者，它要抬高價格，只需減少供給量；它要降低價格，就增加供給量。當壟斷廠商制定了某一價格，並按照這個價格出售其產品時，每出售一單位產品所獲得的收益等於產品的價格。

1. 完全壟斷廠商的收益函數

假定線性的反需求函數為：

$$P = a - bQ \tag{7.1}$$

式中，a、b 為常數，且 a、b>0。由 7.1 式可得總收益函數、平均收益函數和邊際收益函數，分別是：

$$TR(Q) = PQ = aQ - bQ^2 \tag{7.2}$$

$$AR = \frac{TR}{Q} = \frac{aQ - bQ^2}{Q} = a - bQ = p \tag{7.3}$$

$$MR(Q) = \frac{dTR(Q)}{dQ} = a - 2bQ \tag{7.4}$$

2. 完全壟斷廠商的收益曲線

廠商所面臨的需求狀況直接影響廠商的收益，這便意味著廠商的需求曲線的特徵將決定廠商的收益曲線的特徵。根據完全壟斷廠商的收益函數，可畫出相應的收益曲線。

（1）邊際收益曲線與平均收益曲線

首先，MR 曲線與 AR 曲線都是一條向右下方傾斜的曲線。通過邊際收益函數和平均收益函數，可知邊際收益曲線的斜率為-2b，而平均收益曲線的斜率為-b，MR 曲線斜率的絕對值恰好是 AR 曲線斜率絕對值的 2 倍，而兩條曲線的縱截距都為 a。如圖 7-1 所示，MR 曲線與 AR 曲線相交於縱軸的 A 點，MR 曲線與橫軸交於 Q_0，AR 曲線與橫軸交於點 Q_1，Q_0 恰好是 OQ_1 的中點，即 $OQ_0 = \frac{1}{2} OQ_1$。也就是說，當壟斷廠商的需求曲線為直線時，

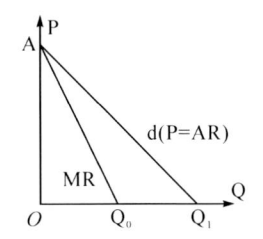

图7-1 邊際收益曲線與平均收益曲線

AR 與 MR 曲線的縱截距是相等的，且 MR 曲線的橫截距是 AR 曲線橫截距的一半，即 MR 曲線平分由縱軸到需求 d 的任何一條水平線。

(2) 總收益曲線、邊際收益曲線和平均收益曲線

壟斷廠商的需求曲線是向右下方傾斜的，其相應的平均收益 AR 曲線、邊際收益 MR 曲線和總收益 TR 曲線的一般特徵如圖 7-2 所示。

第一，由於廠商的平均收益 AR 總是等於商品的價格，所以，壟斷廠商的 AR 曲線和需求曲線 d 重疊，都是同一條向右下方傾斜的曲線。

第二，由於 AR 曲線是向右下方傾斜的，則根據平均量和邊際量之間的相互關係可以推知，壟斷廠商的邊際收益 MR 總是小於平均收益 AR。因此，圖中 MR 曲線位於 AR 曲線的左下方，且 MR 曲線也向右下方傾斜。

第三，每一銷售量上的邊際收益 MR 值就是相應的總收益 TR 曲線的斜率。

當 MR>0 時，TR 曲線的斜率為正；當 MR<0 時，TR 曲線的斜率為負；當 MR=0 時，TR 曲線達最大值點。

當 AR>0 時，TR>0；當 AR=0 時，TR 曲線下降為零。在坐標圖中，當產量為 Q_1 時，TR = AR = 0。

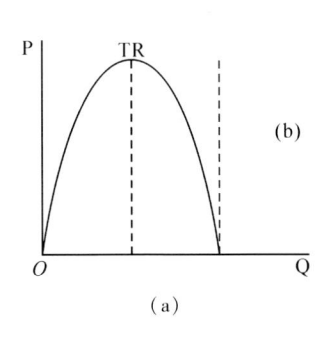

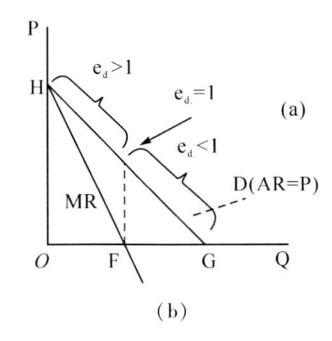

圖7-2 壟斷廠商的總收益曲線、邊際收益曲線和平均收益曲線

3. 邊際收益、價格和需求的價格彈性

當廠商所面臨的需求曲線向右下方傾斜時，廠商的邊際收益、價格和需求的價格彈性三者之間的關係可以證明如下。

假定反需求函數為：

$$P = P(Q)$$

則可以有：

$$TR(Q) = p(Q) \cdot Q$$

$$MR(Q) = \frac{dTR(Q)}{dQ} = P + Q \cdot \frac{dP}{dQ} = P\left(1 + \frac{dP}{dQ} \cdot \frac{Q}{P}\right)$$

即

$$MR = P\left(1 - \frac{1}{e_d}\right) \tag{7.5}$$

式中，e_d 為需求的價格彈性，即 $e_d = -\frac{dQ}{dP} \cdot \frac{P}{Q}$。

（7.5）式就是表示壟斷廠商的邊際收益、商品價格和需求的價格彈性之間關係的式子。

由（7.5）式可得以下三種情況：

當 $e_d > 1$ 時，有 $MR > 0$。此時，TR 曲線斜率為正，表示廠商總收益 TR 隨銷售量 Q 的增加而增加。

當 $e_d < 1$ 時，有 $MR < 0$。此時，TR 曲線斜率為負，表示廠商總收益 TR 隨銷售量 Q 的增加而減少。

當 $e_d = 1$ 時，有 $MR = 0$。此時，TR 曲線斜率為零，表示廠商的總收益 TR 達極大值點。

以上三種情況在圖 7-2（b）中都得到了體現。

最后需要指出的是，以上對壟斷廠商的需求曲線和收益曲線所作的分析，對於其他非完全競爭市場條件下的廠商也同樣適用。只要非完全競爭市場條件下廠商所面臨的需求曲線是向右下方傾斜的，相應的廠商的各種收益曲線就具有以上所分析的基本特徵。

三、壟斷廠商的短期均衡

完全壟斷廠商為了獲得最大利潤，也必須遵循 MR = MC 的原則。在短期內，壟斷廠商無法改變不變要素投入量，但與完全競爭廠商不同的，它在既定的生產規模下不僅可以調整產量，還可以調整價格，來實現 MR = SMC 的利潤最大化的原則。利潤最大化條件的充分條件是 P > MR = MC。

壟斷廠商根據邊際原則確定最佳產量及價格之后是否有盈利，取決於他的平均成本狀況。短期中，壟斷廠商可能出現盈利、獲得正常利潤或存在虧損三種情況。

1. 獲取超額利潤的短期均衡：P > AC

圖 7-3 中的 SMC 曲線和 SAC 曲線代表壟斷廠商的既定的生產規模，d 曲線和 MR 曲線代表壟斷廠商的需求和收益狀況。壟斷廠商根據 MR = SMC 的利潤最大化的均衡條件，將產量和價格分別調整到 M 和 N 的水平。在短期均衡點 E 上，壟斷廠商的平均收益為 KM，平均成本為 GM，平均收益大於平均成本，壟斷廠商獲得利潤。單位產品的平均利潤為 KF，總利潤量相當於圖中的陰影部分的矩形面積。由於這一超額利潤是由於壟斷引起，因此也被稱為壟斷利潤。

為什麼壟斷廠商只有在 MR = SMC 的均衡點上，才能獲得最大的利潤呢？

這是因為，只要 MR > SMC，壟斷廠商增加一單位產量所得到的收益增量就會大於所付

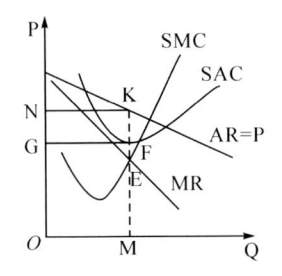

圖 7-3　完全壟斷廠商獲得超額利潤

出的成本增量。這時，廠商增加產量是有利的。隨著產量的增加，如圖 7-3 所示，MR 會下降，而 SMC 會上升，兩者之間的差額會逐步縮小，最後達到 MR＝SMC 的均衡點，廠商也由此得到了增加產量的全部好處。而 MR＜SMC 時，情況正好與上面相反。所以，壟斷廠商的利潤在 MR＝SMC 處達最大值。

如果認為壟斷廠商在短期內總能獲得利潤的話，這便錯了。壟斷廠商在 MR＝SMC 的短期均衡點上，可以獲得最大的利潤，也可能是虧損的（儘管虧損額是最小的）。造成壟斷廠商短期虧損的原因，可能是既定的生產規模的成本過高（表現為相應的成本曲線的位置過高），也可能是壟斷廠商所面臨的市場需求過小（表現為相應的需求曲線的位置過低）。

2. 超額利潤為零（廠商獲得正常利潤）的短期均衡：P＝AC

如圖 7-4 所示，根據 MR＝SMC 的利潤最大化的均衡條件，壟斷廠商的生產均衡點為 E 點，對應的均衡價格和均衡產量分別為 N 和 M。這時廠商的平均收益等於平均成本，都為 KM，壟斷廠商的經濟利潤為零，獲得正常利潤。

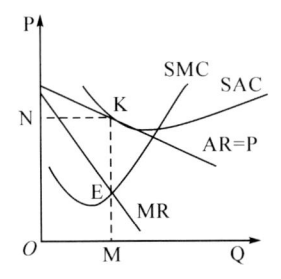

圖 7-4　完全壟斷廠商獲得正常利潤

3. 廠商虧損

壟斷廠商在 MR＝SMC 的短期均衡點上，可能獲得超額利潤，但也不可能不盈不虧，甚至出現虧損。如果需求很低，需求曲線向左移動到平均成本以下，則廠商要遭受虧損。廠商在虧損的情況下是否會繼續生產，取決於價格與平均可變成本的比較結果。如果價格大於平均可變成本，廠商會繼續生產，如圖 7-5（a）所示；如果價格等於平均可變成本，廠商則認為生產與不生產是一樣的，如圖 7-5（b）所示；如果價格低於平均可變成本，廠商則會立即停止生產，如圖 7-5（c）所示。

(a)

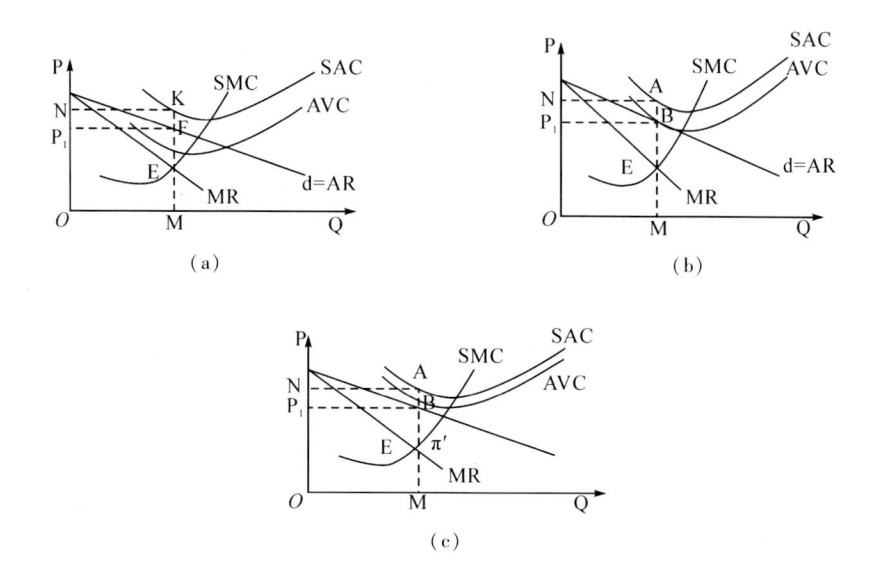

(b)

(c)

圖 7-5　完全壟斷廠商的虧損

由以上的分析我們可以得出，壟斷廠商實現短期均衡的條件是：

$$MR = SMC \tag{7.6}$$

壟斷廠商在短期均衡時可以獲得最大利潤，也可以只獲得正常利潤，不盈不虧，也有可能蒙受最小損失。

四、壟斷廠商的長期均衡

壟斷廠商在長期內可以調整全部生產要素的投入量即生產規模，從而實現最大的利潤。壟斷行業排除了其他廠商進入的可能性，因此，與完全競爭廠商不同，如果壟斷廠商在短期內獲得利潤，那麼，他的利潤在長期內不會因為新廠商的加入而消失，壟斷廠商在長期內可以通過調整生產規模來追求最大利潤。如果短期中有虧損且無法調整，它就會在長期中退出這個行業；如果有盈利，它就會調整自己的生產規模，使產量由邊際收益曲線和長期邊際成本曲線的交點來決定，以便獲得更多壟斷利潤。因此，完全壟斷行業的長期均衡往往是以擁有超額利潤為特徵的。

在圖 7-6 中 d 曲線和 MR 曲線分別代表壟斷廠商所面臨的市場需求曲線和邊際收益曲線，LAC 曲線和 LMC 曲線分別代表壟斷廠商的長期平均成本曲線和長期邊際成本曲線。假設開始時壟斷廠商在 SAC_1 曲線和 SMC_1 曲線所代表的生產規模上實現短期均衡，均衡點為 E_1，所對應的均衡產量為 Q_1，均衡價格為 P_1，廠商獲得超額利潤。但從長期看，這並不是最優的生產規模。這時 LMC 曲線低於 MR 曲線，擴大生產規模是有利可圖的。追求利潤最大化的壟斷廠商會將生產規模擴大到 MR 不僅等於 SMC，而且等於 LMC 的那一點。點 E_2 既是 MR 與 SMC_2 的交點，也是 MR 與 LMC 的交點，這表明壟斷廠商利潤最大化的條件不僅在短期內得到滿足，而且在長期內得到滿足。點 E_2 決定的產量 Q_2 和相應的價格 P_2 就是壟斷廠商利潤最大的均衡狀態。

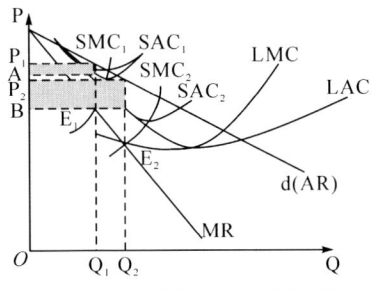

圖 7-6　完全壟斷廠商的長期均衡

所以，壟斷廠商長期均衡的條件是：
$$MR = SMC = LMC \tag{7.7}$$
壟斷廠商在長期均衡時可以獲得超額利潤。

五、價格歧視

在有些情況下，壟斷廠商的同一種產品針對不同的市場和不同的購買者收取不同的價格，這種做法往往會增加壟斷廠商的利潤。以不同價格銷售同一種產品，被稱為價格歧視。

壟斷廠商實行價格歧視，必須具備以下的基本條件：

第一，市場的消費者具有不同的偏好，且這些不同的偏好可以被區分開。這樣，廠商才有可能對不同的消費者或消費者群體收取不同的價格。

第二，不同的消費者群體或不同的銷售市場是相互隔離的。這樣就排除了中間商由低價處買進商品，轉手又在高價處出售商品而從中獲利的情況。

價格歧視可以分為一級、二級和三級價格歧視，下面分別予以介紹。

1. 一級價格歧視

一級價格歧視又稱完全價格歧視，就是每一單位產品都有不同的價格，即假定壟斷者知道每一個消費者對任何數量的產品所要支付的最大貨幣量，並以此決定其價格，所確定的價格正好等於對產品的需求價格，因而獲得每個消費者的全部消費剩余。這是一種極端的情況，現實中很少發生。假設某地區只有一個牙醫，並且他清楚每一個患者願意支付的最高價格，他將對每一個患者收取不同的價格，使他們剛好願意治療，這樣患者們的全部消費者剩余都轉移到了牙醫那裡。

2. 二級價格歧視

二級價格歧視不如一級價格歧視那麼嚴重。一級價格歧視要求壟斷者對每一單位的產品都制定一個價格，而二級價格歧視只要求對不同的消費數量段規定不同的價格。即壟斷廠商瞭解消費者的需求曲線，把這種需求曲線分為不同段，根據不同購買量，確定不同價格，壟斷者獲得一部分而不是全部買主的消費剩余。公用事業中的差別價格就是典型的二級價格歧視。比如，電信公司根據客戶每月上網時間的不同，收取不同的價格，對於使用量小的客戶，收取較高的價格，對於使用量大的客戶，收取較低的價格。壟斷賣方通過這種方式把買方的一部分消費者剩余據為己有。

3. 三級價格歧視

壟斷廠商對同一種產品在不同的市場上（或對不同的消費者群體）收取不同的價格，這就是三級價格歧視。買方的需求價格彈性越大，賣方收取的價格就越低；買方的需求價格彈性越小，賣方收取的價格就越高。通過這種方法，壟斷賣方就從需求價格彈性小的買方那裡榨取更多消費者剩餘。比如，有的旅遊景點對外地遊客和本地遊客實行價格歧視，對外地遊客收取較高的價格，對本地遊客收取較低的價格。對於同種產品，國內市場和國外市場的價格不一樣；城市市場和鄉村市場的價格不一樣；「黃金時間」和非「黃金時間」的價格不一樣；等等。

【拓展閱讀】

價格歧視在現實經濟生活中的體現

價格歧視的實施方式與信息密切相關，一級價格歧視對信息量的要求最大，三級價格歧視次之，二級價格歧視對信息量的要求最小。現實生活中，一級價格歧視不大可能發生，而三級價格歧視和二級價格歧視則非常普遍。

一、價格歧視在電信業中的體現

電信業定價普遍存在著價格歧視的現象，具體表現在顧客購買其產品或服務時所面臨的多種資費選擇方式。選擇資費的定價模式實際上是由多個二部資費定價方案組成，且二部資費中還可進一步包括分時段資費或分距離資費。所謂二部資費是指價格方案由兩部分構成：一是與電信用戶通信時間無關的基本費，如「月租費」；二是按通信時間支付的從量費。日常的工作生活規律決定了人們在不同時間段對通信服務需求的不同，通過在不同時段制定不同的資費標準，廠商達到了三級價格歧視的目的。更進一步，通過制定包含多個二部定價的選擇資費，對高需求者索取較低的邊際價格（從量費）和較高的基本費，對低需求者索取較高的邊際價格和較低基本費，廠商又達到了二級價格歧視的目的。可見，通過將分時段定價和二部定價相結合，電信業廠商實際上對用戶同時實施了三級和二級價格歧視。

二、價格歧視在電子商務中的體現

與實物市場相比較，電子商務市場的價格歧視無論是表現形式還是適用程度都呈現出不同的特點。其具體表現為：一是個人化定價，對應於實物市場的一級價格歧視，即以不同的價格向每位用戶出售，而銷售商可以獲得用戶的全部詳細資料；二是版本劃分，對應於實物市場的二級價格歧視，即提供一個產品系列，讓用戶選擇適合自己的版本；三是群體定價，對應於實物市場的三級價格歧視，即對不同群體的消費者設置不同的價格，網絡外部效應、數字產品的鎖定效應和共享效應使得在電子商務市場上實行三級價格歧視更加具有優勢。

三、價格歧視在民航業中的體現

航空公司通過嚴格地運用一些限制條件，把具有不同支付意願的旅客劃分為不同的群體，達到了三級價格歧視的目的。在上述分類的基礎上，再根據提供的服務等級不同，在質量維度上對消費者實行二級價格歧視。民航業實施價格歧視的主要措施有：針對低價格機票設定提前購買或最短停留期限，規定不能退換或不能完全退換；針對非經停航班、經

停航班、銜接航班，在某些具體時刻實行折扣；採用吸引旅客購買經濟艙的全價票，如提供頭等艙及公務艙的服務，對經濟艙全票價旅客提供附加服務等。航空公司通過以上方法使市場上的旅客更加明確地被劃分為不同的群體，使群體之間的差異更加明顯，從而在不同市場對基本相同的服務實行更有效的價格歧視。

第二節　壟斷競爭市場

在實際的經濟生活中，完全壟斷市場和完全競爭市場都是很少見的，大部分是壟斷和競爭並存的市場結構。而這類市場結構又可以分為兩種：壟斷競爭市場和寡頭壟斷市場。這一節我們主要討論壟斷競爭市場。

一、壟斷競爭市場的含義

壟斷競爭（Monopolistic Competition）市場是這樣一種市場組織，一個市場中有許多廠商生產和銷售有差別的同種產品。根據壟斷競爭市場的這一基本特徵，西方經濟學家提出了生產集團的概念。因為，在完全競爭市場和壟斷市場條件下，行業的含義是很明確的，它是指生產同一種無差別的產品的廠商的總和。而在壟斷競爭市場，產品差別這一重要特點使得上述意義上的行業不存在。為此，在壟斷競爭市場理論中，把市場上大量的生產非常接近的同種產品的廠商的總和稱作生產集團，例如汽車加油站集團、快餐食品集團等。

壟斷競爭市場，是指廠商間存在產品差別，競爭與壟斷因素並存，並以競爭因素為主的一種市場結構，在大城市的零售業、手工業、印刷業中普遍存在。

壟斷競爭市場主要有以下特點：

（1）廠商的數目比較多

每個廠商所占的市場份額都比較小，沒有一個廠商能控製整個市場。並且各個廠商的行為相對獨立，每個廠商都相信自己的行為的影響很小，不會引起競爭對手的注意和反應，自己也不會受到對手的報復或制裁。

（2）各個廠商生產的產品具有差異但又可以相互替代

產品差異包括產品實際差異和消費者心理感受所產生的主觀感受差異。正是因為產品之間存在差異，才使廠商具有一定程度的壟斷力量。產品差異越大，壟斷程度越高。然而，雖然產品具有差異性，大量的產品之間又具有較強相互可替代性，這又導致廠商之間存在比較激烈的競爭。替代程度越高，競爭越激烈。

（3）廠商能夠自由進出市場

廠商的生產規模比較小，因此，在長期廠商可以比較自由地進入或者退出該行業，不存在嚴重的進入壁壘。很多日用品行業都是典型的壟斷競爭行業。

二、壟斷競爭廠商的需求曲線與收益曲線

1. 壟斷競爭廠商的需求曲線

壟斷競爭廠商所面臨的需求曲線有兩種，它們通常被區分為主觀需求曲線 d 和實際需求曲線 D。下面用圖 7-7 分別說明這兩種需求曲線。

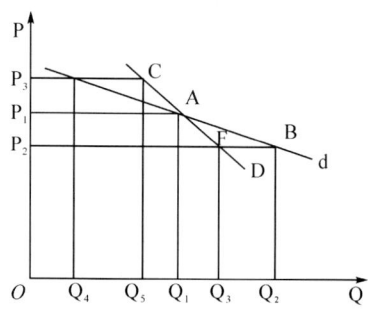

圖 7-7 壟斷競爭廠商的需求曲線

主觀需求曲線 d 表示在壟斷競爭生產集團中的某個廠商改變產品價格，而其他廠商的產品價格都保持不變時，該廠商的產品價格和銷售量之間的關係。在圖 7-7 中，假定某壟斷競爭廠商開始時處於價格為 P_1 和產量為 Q_1 的 A 點上，它想通過降價來增加自己的產品銷售量。因為，該廠商認為，它降價以後不僅能增加自己產品的原有買者的銷售量，而且還能把買者從生產集團內的其他廠商那裡吸引過來。該壟斷競爭廠商相信其他廠商不會對它的降價行為做出反應。隨著它的商品價格由 P_1 下降為 P_2，它的銷售量會沿著 d 需求曲線由 Q_1 增加為 Q_2。反之，若它的商品價格由 P_1 上升為 P_3，它的銷售量會沿著 d 需求曲線由 Q_1 減少為 Q_4。

客觀需求曲線 D 表示：在壟斷競爭生產集團中的某個廠商改變產品價格，而且集團內的其他所有廠商也使產品價格發生相同的變化時，該廠商的產品價格和銷售量之間的關係。在圖 7-7 中，如果某壟斷競爭廠商將價格由 P_1 下降到 P_2 時，集團內其他所有廠商也都將價格由 P_1 下降到 P_2，於是，該壟斷競爭廠商的實際銷售量是 D 需求曲線上的 Q_3，Q_3 小於它的預期銷售量即 d 需求曲線上的 Q_2。這是因為集團內其他廠商的買者沒有被該廠商吸引過來，每個廠商的銷售量增加僅來自整個市場的價格水平的下降。反之，如果某壟斷競爭廠商將價格由 P_1 增加到 P_3 時，集團內其他所有廠商也都將價格由 P_1 增加到 P_3，於是，該壟斷競爭廠商的實際銷售量是 D 需求曲線上的 Q_5，Q_5 大於它的預期銷售量即 d 需求曲線上的 Q_4。

主觀需求曲線 d 和客觀需求曲線 D 有如下關係：

（1）當壟斷競爭市場中所有廠商都以相同方式改變產品價格時，單個壟斷競爭廠商的 d 需求曲線就會沿著 D 需求曲線發生平移；

（2）d 需求曲線表示單個壟斷競爭廠商單獨改變價格時預期的產量，D 需求曲線表示單個壟斷競爭廠商在每一市場價格水平實際面臨的市場需求量，所以 d 需求曲線和 D 需求曲線的交點為壟斷競爭市場供求相等的狀態。

（3）d 需求曲線的彈性大於 D 需求曲線，即前者較后者更為平坦。

2. 壟斷競爭廠商的收益曲線

壟斷競爭廠商的收益曲線與需求曲線的關係類似於完全壟斷廠商的收益曲線和需求曲線的關係，如圖 7-8 所示。

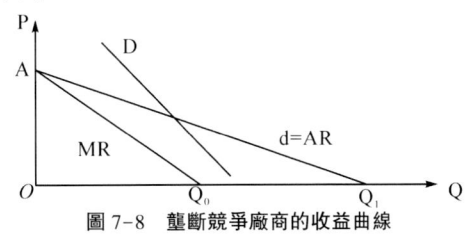

圖 7-8　壟斷競爭廠商的收益曲線

雖然壟斷競爭廠商的實際銷售量是由客觀需求曲線決定的，但由於觀察不到客觀需求曲線，所以廠商總是根據主觀需求曲線來決定自己的價格和產量。這樣，壟斷競爭廠商平均收益和邊際收益都是由其主觀需求曲線決定的。壟斷競爭廠商的平均收益曲線和需求曲線是重合的，MR 曲線與 AR 曲線相交於縱軸的 A 點，MR 曲線與橫軸交於點 Q_0，AR 曲線與橫軸交於點 Q_1，Q_0 點恰好是 OQ_1 的中點，即 $OQ_0 = \frac{1}{2}OQ_1$。也就是說，壟斷競爭廠商的需求曲線（AR 曲線）與 MR 曲線的縱截距是相等的，且 MR 曲線的橫截距是需求曲線（AR 曲線）橫截距的一半，即 MR 曲線平分由縱軸到需求曲線（AR 曲線）的任何一條水平線。

三、壟斷競爭廠商的短期均衡

西方經濟學家通常以壟斷競爭生產集團內的代表性企業來分析壟斷競爭廠商的短期均衡和長期均衡。以下分析中的壟斷競爭廠商均指代表性企業。

在短期內，壟斷競爭廠商是在現有的生產規模下通過對產量和價格的調整，來實現 MR＝SMC 的均衡條件。現用圖 7-9 來分析壟斷競爭廠商的短期均衡的形成過程。

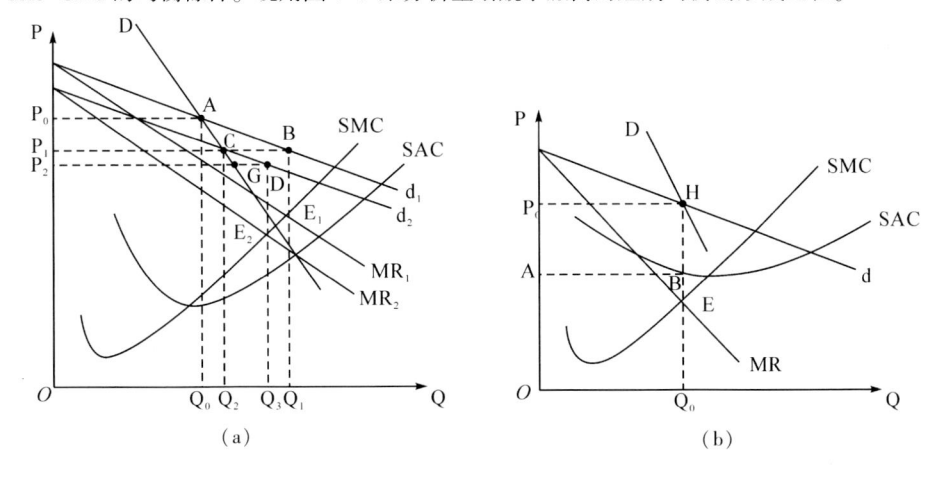

(a)

(b)

圖 7-9　壟斷競爭廠商的短期均衡

在圖 7-9（a）中，SAC 曲線和 SMC 曲線表示代表性企業的現有生產規模，d 曲線和

D 曲線表示代表性企業的兩種需求曲線，MR 曲線是相對於 d_1 曲線的邊際收益曲線，MR_2 曲線是相對於 d_2 曲線的邊際收益曲線。假定代表性企業最初在 d_1 曲線和 D 曲線相交的 A 點上進行生產。就該企業在 A 點的價格和產量而言，與實現最大利潤的 $MR_1 = SMC$ 的均衡點 E_1 所要求的產量 Q_1 和價格 P_1 相差很遠。於是，該廠商決定將生產由 A 點沿著 d_1 需求曲線調整到 B 點，即將價格降低為 P_1，將產量增加為 Q_1。

然而，由於生產集團內每一個企業所面臨的情況都是相同的，而且每個企業都是在假定自己改變價格而其他企業不會改變價格的條件下採取了相同的行動，即都把價格降為 P_1，都計劃生產 Q_1 的產量。於是，當整個市場價格下降為 P_1 時，每個企業的產量都毫無例外是 Q_2，而不是 Q_1。相應地，每個企業的 d_1 曲線也都沿著 D 曲線運動到了 d_2 的位置。所以，首次降價的結果是使代表性企業的經營位置由 A 點沿 D 曲線運動到 C 點。

在 C 點位置上，d_2 曲線與 D 曲線相交，相應的邊際效益曲線為 MR_2。很清楚，C 點上的代表性企業的產品價格 P_1 和產量 Q_2 仍然不符合在新的市場價格水平下的 $MR_2 = SMC$ 的均衡點 E_2 上的價格 P_2 和產量 Q_3 的要求。因此，該企業又會再一次降價。與第一次降價相似，企業將沿著 D 曲線由 C 點運動到 G 點。相應地，d_2 曲線將向下平移，並與 D 曲線相交於 G 點（圖中從略）。依次類推，代表性企業為實現 MR = SMC 的利潤最大化的原則，會繼續降低價格，d 曲線會沿著 D 曲線不斷向下平移，並在每一個新的市場價格水平與 D 曲線相交。

上述的過程一直要持續到代表性企業沒有理由再繼續降價為止，即一直要持續到企業所追求的 MR = SMC 的均衡條件實現為止。如圖 7-9（b）所示，代表性企業連續降價的行為的最終結果，將使得 d 曲線和 D 曲線相交點 H 上的產量和價格，恰好是 MR = SMC 時的均衡點正所要求的產量 Q 和價格 P。此時，企業便實現了短期均衡，並獲得了利潤，其利潤量相當於圖中的陰影部分的面積。當然，壟斷競爭廠商在短期均衡點上並非一定能獲得最大的利潤，也可能是最小的虧損。這取決於均衡價格是大於還是小於 SAC。在企業虧損時，只要均衡價格大於 AVC，企業在短期內總是繼續生產的；只要均衡價格小於 AVC，企業在短期內就會停產。

壟斷競爭廠商短期均衡的條件是：

$$MR = SMC \tag{7.8}$$

在短期均衡的產量上，必定存在一個 d 曲線和 D 曲線的交點，它意味市場上的供求是相等的。此時，壟斷競爭廠商可能獲得最大利潤，可能利潤為零，也可能蒙受最小虧損。

四、壟斷競爭廠商的長期均衡

當壟斷競爭廠商達到短期均衡時，並不意味著它會始終保持這種狀態。因為短期均衡的前提是廠房、設備規模等固定成本不變，如果這些固定要素可變，那麼短期均衡時虧損的部分壟斷競爭廠商就會退出這個行業。隨著一部分廠商退出該行業，仍然留在行業裡的廠商就會在每一價格水平上面臨更大的市場需求量，這就使壟斷競爭廠商的虧損減少。這個過程會進行到留在行業裡的廠商不再虧損為止。如果壟斷競爭廠商短期內有超額利潤，就會吸引新廠商進入該行業。廠商數目的增加使每個廠商在市場總銷售額中的比例下降，反應在坐標圖上（圖 7-10），便是單個廠商所面對的需求曲線向左下方移動，相應的 MR

曲線與 MC 曲線交點所決定的產量和價格就開始下降，這就使壟斷競爭廠商的利潤減少。這個過程一直進行到壟斷競爭廠商的超額利潤全部消失為止。無論虧損為零，還是超額利潤為零，在坐標圖上都表現為需求曲線 d 與 LAC 曲線相切，至此壟斷競爭市場便實現了長期均衡。

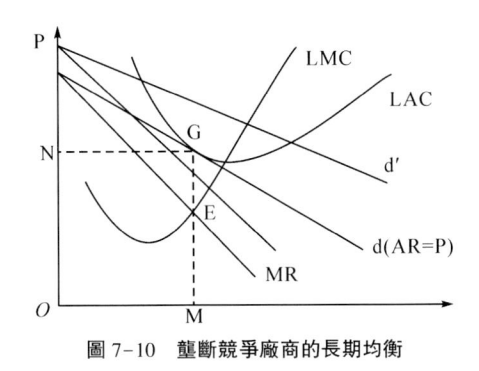

圖 7-10 壟斷競爭廠商的長期均衡

總而言之，壟斷競爭廠商長期均衡的條件是：

$$MR = LMC, \quad AR = LAC \tag{7.9}$$

五、壟斷競爭廠商的供給曲線

在壟斷競爭市場上，很難找到具有規律性的供給曲線，原因是供給曲線表示生產同質產品並接受同一價格的條件下價格和質量之間的關係。而壟斷競爭廠商的產品具有差別，它所面臨的需求曲線向右下方傾斜，在這種情況下，廠商的產量和價格之間不存在一一對應的關係，因此，也就找不到壟斷競爭廠商和行業的具有規律性的供給曲線。

第三節　寡頭壟斷市場

一、寡頭壟斷市場的特徵

寡頭壟斷（Oligopoly），又稱寡頭，指少數幾家廠商壟斷了某一行業的市場，控製了該行業全部或絕大部分產品供給的市場結構。寡頭壟斷不同於完全壟斷，在這種市場上同時存在著為數不多的幾家壟斷性廠商，進行著激烈的競爭；也不同於完全競爭或壟斷競爭市場上存在大量彼此競爭的廠商，在寡頭壟斷市場上少數廠商占支配地位，至少其中有幾家廠商相對於整個市場來說，大約能夠影響市場價格。例如，中國許多十分重要的行業，如石油、鋼鐵、汽車、移動通信、銀行、船舶、黃金、稀土、菸草等行業都被少數大企業所控製。

在寡頭壟斷市場中，少數幾家廠商生產的產品可能是同質的，也可能是有差別的。生產同質產品的寡頭稱為純粹寡頭（例如，鋼鐵、石油等行業的寡頭），生產有差別產品的寡頭稱為差別寡頭（例如，汽車、香菸等行業的寡頭）。

寡頭壟斷市場往往存在著較高的進入壁壘，構成進入壁壘的主要來源是這些行業存在著規模經濟。如飛機製造、石油化工等行業，固定成本相當高昂，這些都使大規模生產佔有強大的優勢，企業規模不斷壯大，小企業無法生存，最終形成少數廠商控製整個市場的局面。

寡頭壟斷市場有別於其他市場的一個典型特徵是：寡頭壟斷廠商之間存在著可以被認識到的相互依存性。在完全壟斷市場上，壟斷廠商做出價格、產量決策時，無須考慮其他生產者會作出怎樣的反應，因為沒有可以用來替代其產品的別的生產者與之競爭。在完全競爭和壟斷競爭市場上，進行競爭的廠商人數是如此之多，勢均力敵，個別廠商的價格及產量的變動，對整個市場和其他廠商的影響不大，因而個別廠商在調整價格及產量決策時一般也無須考慮其他廠商的反應。正是從這個意義上說，完全競爭廠商和壟斷競爭廠商之間不存在被認識到的相互依存性。但在寡頭壟斷市場上，由於僅僅存在為數很少的幾家廠商，而且每家廠商都佔有舉足輕重的地位，他們各自在價格或產量方面決策的變化都會影響整個市場和其他競爭者的行為。

二、寡頭壟斷廠商價格和產量的決定

寡頭廠商的價格和產量決定是一個很複雜的問題。其主要原因在於：在寡頭市場上，每個廠商的產量都在全行業的總產量中占一個較大的份額，從而每個廠商的產量和價格變動都會對其他競爭對手乃至整個行業的產量和價格產生舉足輕重的影響。正因為如此，每個寡頭廠商在採取某項行動之前，必須首要推測這一行動對其他廠商的影響以及其他廠商可能做出的反應，然后採取最有利的行動。所以，每個寡頭廠商的利潤是所有廠商的決策相互作用、相互影響的結果。寡頭廠商之間這種複雜的關係，使得寡頭理論複雜化。一般說來，不知道競爭對手的反應就無法建立寡頭廠商的模型。或者說，有多少關於競爭對手的反應方式，就有多少寡頭廠商的模型，就可以得到多少不同的結果。由於寡頭廠商之間的相互依存和決策不確定，寡頭市場的模型也有很多。因此，在西方並沒有一個寡頭市場模型，可以對寡頭市場的價格和產量決定作出一般性的理論總結。本章介紹兩個經典的寡頭模型：古諾模型和斯威齊模型。

1. 古諾模型

古諾模型是早期的寡頭模型。它是由法國經濟學家古諾於1838年提出的。古諾模型常被作為寡頭理論分析的出發點。古諾模型是一個只有兩個寡頭廠商的簡單模型，該模型也被稱為「雙頭模型」。古諾模型的結論可以很容易地推廣到三個或三個以上的寡頭廠商的情況中去。

古諾模型分析的是兩個生產成本為零的寡頭廠商的情況。古諾模型的假定是：市場上只有A、B兩個廠商生產和銷售相同的產品，它們的生產成本為零；它們共同面臨的市場的需求曲線是線性的，A、B兩個廠商都準確地瞭解市場的需求曲線；A、B兩個廠商都是在已知對方產量的情況下，各自確定能夠給自己帶來最大利潤的產量，即每一個廠商都是消極地以自己的產量去適應對方已確定的產量。

令寡頭廠商的數量為m，則可以得到一般的結論如下：

$$\text{每個寡頭廠商的均衡產量} = \text{市場總容量} \cdot \frac{1}{m+1}$$

$$\text{行業的均衡總產量} = \text{市場總容量} \cdot \frac{m}{m+1}$$

2. 斯威齊模型

斯威齊模型也被稱為彎折的需求曲線模型。該模型由美國經濟學家斯威齊於 1939 年提出。這一模型用來解釋一些寡頭市場上的價格剛性現象，如圖 7-11 所示。

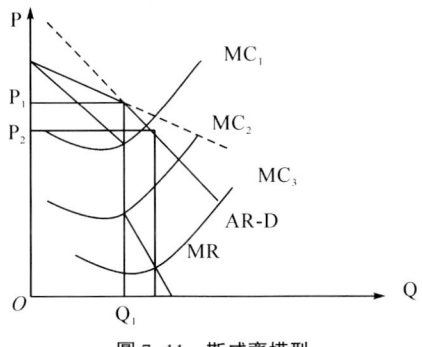

圖 7-11　斯威齊模型

該模型的基本假設條件是：如果一個寡頭廠商提高價格，行業中的其他寡頭廠商不會跟著改變自己的價格，因而提價的寡頭廠商的銷售量的減少是很多的；如果一個寡頭廠商降低價格，行業中的其他寡頭廠商會將價格下降到相同的水平，以避免銷售份額的減少，因而該寡頭廠商的銷售量的增加是很有限的。

在斯威齊模型中由彎折的需求曲線可以得到間斷的邊際收益曲線。利用間斷的邊際收益曲線，便可以解釋寡頭市場上的價格剛性現象。只要邊際成本 SMC 曲線的位置變動不超出邊際收益曲線的垂直間斷範圍，寡頭廠商的均衡價格和均衡數量都不會發生變化。除非成本發生很大變化，如成本上升使得邊際成本曲線上升，才會影響均衡價格和均衡產量水平。

有的西方經濟學家認為，雖然彎折的需求曲線模型為寡頭市場較為普遍的價格剛性現象提供了一種解釋，但是該模型並沒有說明具有剛性的價格本身是如何形成的，這是該模型的一個缺陷。

三、寡頭廠商的供給曲線

如同壟斷廠商和壟斷競爭廠商一樣，寡頭廠商面臨的需求曲線也是向右下方傾斜的，寡頭廠商的均衡產量和均衡價格之間也不存在一一對應關係，所以，不存在寡頭廠商和行業的具有規律性的供給曲線。此外，再考慮到寡頭廠商之間的行為的相互作用的複雜性，建立寡頭廠商和市場的具有規律性的供給曲線也就更困難了。

【綜合案例討論】

透視春運：究竟暴富了誰掠奪了誰？[①]

近20年的中國季節性大遷徙——「春運」，已成為中國特色。「春節」運輸市場提供了世界上罕見的爆發性最大的商機。2001年「春運」自1月9日到2月17日結束，共40天時間，全中國預計運送客員16.6億人次，比2000年增長2.7%。據國家有關部門的數字統計分析，在16.6億人次中，公路承擔14.9億人次的運力，鐵路承運1.34億人次，使用這兩種交通工具者占中國「春運」預計總數的90%以上。水運負責2900萬人次，民航運送730萬人次，占「春運」總數的1%不到。這是中國改革開放20年來最高峰值的一次「春運」。

有學者在研究報告分析中稱，每年一度的「春運」在40天時間內，全中國城市和鄉村的鐵路、民航、汽車、水運等交通市場，平地每日湧起超過150億人民幣的龐大資本浪潮，最少占中國當年國民生產總值5%以上。一方面，最為突出的廣東省及「珠三角」的資料顯示：僅「春運」40天時間，竟能夠創造一些客運「專業戶」本年度至少50%以上的營業總額；而70%以上的參加者，在這40天「工作」中所創造的價值，可抵本年度價值的120%以上，甚至可以在未來這一年內什麼都不用做也能夠正常維持。另一方面，2001年「春運」表明，不僅運力緊張問題沒有得到根本緩解，反而大有越來越尖銳，更有難以化解的「爆炸」之勢。這一切很大程度上都與「漲價」有關。

據計算，2001年全中國參加「春運」鐵路、民航、水運、公路的平均價格上漲不到20%，而最先致富、實力最雄厚的廣東全省，公路、水路平均上漲90%，高於全國平均漲幅的三倍以上。

中國國家鐵道部春運辦有關人士解釋，漲價是為了「削峰平谷」，以達到「均衡運輸」的目的，而到1月16日及以後的事實證明：廣州鐵路客運高峰更為尖銳，超過歷史日最高峰值，而「均衡運輸」就當然成了畫餅充飢；廣州鐵路當局在春運期間還採取「主渠道售票」，幾乎是停止電腦聯網售票，這無異於高度「壟斷集權」。其實際造成的市場經濟結果是：「春運」客票市場更小、範圍更窄、災難更集中、供需矛盾更加劇。上面提到中國「春運」由鐵路、民航來分擔運輸的差距還十分龐大。中國民航與水運，在中國「春運」中的地位，幾乎是可有可無，無關大局。

北京的一家報紙在報導鐵路「春運」成果時透露，節前15天，北京西站和北京站客票收入增長了50%，收入近3億元，這只是在15天中取得的。春節給了鐵路部門一個極為厚重的大禮包。

在鐵路公布票價上浮政策時，人們就對鐵路部門「漲價是為了分流高峰客流」的說法提出質疑，認為鐵路漲價的目的就是利用「春運」高客流量「大賺其錢」。河北律師喬占祥認為鐵道部的這種行為侵犯了自己的合法權益，勇敢地站出來向財大氣粗的「鐵老大」叫板。

思考與分析：

1. 為什麼說鐵路是壟斷行業？

[①] 鄺勝利. 透視春運：究竟暴富了誰掠奪了誰 [N]. 中國青年報，2001-02-22.

2. 「削峰平谷」的目的是什麼？實際效果如何？
3. 「春運」期間漲價真的是必然的、唯一的選擇嗎？

【復習與思考】

一、名詞解釋

完全壟斷市場

壟斷競爭市場

寡頭壟斷市場

價格歧視

二、選擇題

1. 一個獨家壟斷廠商，具有很大的壟斷權力，所以（　　　）。
    A. 可以通過提價增加銷售收入和利潤
    B. 如果降價，必定會減少銷售收入和利潤
    C. 要固定價格才能使銷售收入和利潤最大
    D. 三種說法都錯

2. 一個壟斷廠商面臨著一條需求曲線，平均收益曲線與邊際收益曲線的關係是（　　　）。
    A. 前者的斜率是后者的兩倍　　B. 后者的斜率是前者的兩倍
    C. 兩者的斜率是相同的　　　　D. 兩者的斜率不存在內在的聯繫

3. 政府要對一個壟斷廠商的價格實行管制，要使廠商的經濟利潤消失，其方法是（　　　）。
    A. P = MC　　　　　　　　　　B. P = ATC
    C. P = AVC　　　　　　　　　 D. P = AFC

4. 在成本不變的行業中，AC = MC，壟斷廠商和完全競爭廠商的共同點可能是（　　　）。
    A. P = MC　　　　　　　　　　B. P > MR = MC
    C. P = MR = MC　　　　　　　 D. MR = MC

5. 壟斷廠商利潤最大化時（　　　）。
    A. P = MR = MC　　　　　　　 B. P > MR = AC
    C. P > MR = MC　　　　　　　 D. P > MC = AC

6. 以下最不可能成為壟斷者的是（　　　）。
    A. 一個小鎮唯一的一名醫生　　B. 可口可樂公司
    C. 某地區的電力公司　　　　　D. 某地區的自來水公司

7. 寡頭壟斷和壟斷競爭之間的主要區別是（　　　）。
    A. 廠商的廣告開支不同　　　　B. 非價格競爭的程度不同
    C. 廠商之間相互影響的程度不同　D. 以上都不對

8. 完全競爭和壟斷競爭之間的重要相同點是（　　　）。
    A. 長期當中，P = AC，MR = MC

B. 產品異質的程度
C. 長期平均成本曲線上使廠商利潤最大化的點相同
D. 以上都不對

9. 壟斷和壟斷競爭之間的主要區別是（　　）。
　　A. 前者依據 MR＝MC 最大化其利潤，後者不是
　　B. 前者擁有影響市場的權力，後者沒有
　　C. 前者廠商的需求曲線和市場需求曲線是一致的，而後者不是
　　D. 以上都不對

10. 壟斷競爭市場形成的條件是（　　）。
　　A. 產品有差別　　　　　　　　B. 廠商數目極多
　　C. 廠商生產規模比較小　　　　D. 產品無差別

11. 廠商之間關係最為密切的市場是（　　）。
　　A. 完全競爭市場　　　　　　　B. 寡頭壟斷市場
　　C. 壟斷競爭市場　　　　　　　D. 完全壟斷市場

12. 根據古諾模型，在雙頭壟斷條件下，廠商的產量是市場容量的（　　）。
　　A. 1/3　　　　　　　　　　　　B. 2/3
　　C. 3/4　　　　　　　　　　　　D. 不能確定

三、簡答題

1. 什麼是壟斷？產生壟斷的原因有哪些？
2. 為什麼說壟斷競爭兼有競爭和壟斷的因素？
3. 寡頭市場與其他三種市場有什麼不同？
4. 什麼是價格歧視？完全競爭市場上的價格歧視有哪些？實行價格歧視須具備什麼條件？
5. 壟斷競爭廠商的兩條需求曲線分別是什麼含義？
6. 說明以下各行業存在哪種進入限制？
（1）某公司擁有黃山風景區的產權。
（2）某公司獲得某市報刊發行特許經營權。
（3）電力公司只有一家電網成本最低。
（4）某藥廠獲得某種藥物的專利權。
7. 下列哪些是差別產品？為什麼？
（1）老張養雞場的雞蛋和老王養雞場的雞蛋。
（2）內容相同的精裝書與平裝書。
（3）河南產的小麥和河北產的小麥。
（4）戴爾牌計算機和康柏牌計算機（用同樣的部件裝配線，功能完全相同）。

第八章 生產要素的價格決定

【導入案例】

大學生工資一定要比保姆的高嗎？[①]

在世界上大多數國家，一般來講，學歷越高，工資越高。但是在「中國高層發展論壇2014年會」上，國務院發展研究中心研究員吳敬璉提出：「我們現在出現了一個非常奇怪的問題，最普通的勞動力，比如說家政服務或者保姆，他們是短缺的，工資是在提高的，而且他們的平均工資，比面臨著嚴重就業問題的大學畢業生還要高。」約翰·麥休尼斯、琳達·戈伯也曾在2010年出版的《社會學》一書中提到，在加拿大，大學教授擁有很高的學歷，但他們卻拿著全國平均工資。

在德國，技工比大學畢業生工資高。提起德國，人們很自然地會聯想到「大眾」「奔馳」「寶馬」「奧迪」「保時捷」「歐寶」等這些德國名車，聯想到德國的機械設備，聯想到德國的工具。要知道，德國在製造業的卓越成就歸功於德國政府對職業教育的大量投入和全社會對技工的尊重。德國企業家認為，一流的產品需要一流的技工來製造，再先進的科研成果，沒有技工的工藝化操作，也很難變成有競爭力的產品。因此德國技校畢業生的工資幾乎普遍比大學畢業生的工資高，大學畢業生白領的平均年薪在30,000歐元左右，而技工的平均年薪則為35,000歐元左右，不少行業的技工工資遠遠高於普通公務員，甚至高過大學教授。

那為什麼德國的技工可以得到較高的工資，為什麼加拿大的大學教授工資這麼低，他們卻不改行？

其實，德國社會對技工的尊重在世界首屈一指，這才讓德國技工的工資普遍較高。大學教授這個職位本身就是一種福利，大學教授會受到社會的尊重，有很高的社會優越感，所以，雖然自己有很高學歷卻拿著全社會的平均工資，大學教授這個職位仍吸引著眾多的求職者。

正如在導入案例中所提到的這樣，在德國技工工資高，從事該行業的人數多；而在加拿大教授可以得到尊重，所以從事的人也多。原因在於根據市場供求理論，供給大於需求，當然工資也就無法提高，因為你不幹，還有別人排隊等著幹。所以正如商品市場一樣，勞動力作為生產要素的價格也取決於要素市場的供給與需求。

前面各章討論了消費商品（或稱為產品）的價格和數量的決定。這一部分內容通常被看成所謂的「價值」理論。由於討論的範圍局限於商品市場本身，所以它對價格決定的論

[①] 劉植榮. 大學生工資一定要比保姆的高嗎？[N]. 羊城晚報，2014-07-12.

述並不完全。首先，它在推導產品需求曲線時，假定消費者的收入水平為既定，但並未說明收入水平是如何決定的；其次，它在推導產品供給曲線時，假定生產要素的價格為既定，但並未說明要素價格是如何決定的。由於消費者的收入水平在很大程度上取決於其擁有的要素價格和使用量，故價格理論的上述兩點不完全性可以概括為它缺乏對要素價格和使用量決定的解釋。為了彌補這個不足，需要研究生產要素市場。勞動、土地和資本的供給與需求決定了支付給工人、土地所有者和資本所有者的價格。為了說明一些人的收入比另一些人高的原因，我們需要更深入地考察他們所提供的勞務的市場。

因為要素的價格和使用量是決定消費者收入水平的重要因素，所以要素價格理論在西方經濟學中又被看成所謂的「分配」理論。於是，從商品市場轉到要素市場也意味著從價格理論轉到分配理論。

第一節　生產要素的需求與供給

一、生產要素的需求

生產要素的需求來自廠商，是指廠商從需求方面來看，在一定的價格水平條件下，願意並且能夠購買到的生產要素的數量。

1. 生產要素的特點

生產要素的需求與一般商品的需求並不相同，其特點如下：

（1）生產要素的需求是一種派生需求

一般商品的需求來自消費者，是消費者為了能夠滿足自身的需求而發生的消費，屬於直接需求；而生產要素的需求來自生產者，生產要素並不能夠直接給生產者帶來效用。生產者需求生產要素的目的是實現利潤最大化，屬於間接需求。消費者是一般商品的最終需求者，消費也是一般商品的最終流通環節，而生產者對生產要素的需求是從消費者的需求中派生出來的，因此也被稱作派生需求。例如，如果市場中沒有人購買手機，廠商也不會需要雇傭工人去生產手機。

可見廠商對生產要素的需求是從消費者對產品的直接需求中派生出來的。

（2）生產要素的需求是一種聯合需求

生產要素的需求往往是共同的、相互依賴的，他們之間既可以相互替代，也可以相互補充。這個特點是由於技術上的原因，即生產要素不能單獨發生作用。例如一個生產過程往往同時需要土地、勞動、資本和企業家才能，只有將各生產要素結合起來，才能達到生產的目的。因此對某種生產要素的需求，不僅取決於該生產要素的價格，也會受到其他生產要素價格的制約。相比之下，一般商品的消費很多時候是相對獨立的。

因此，廠商為了獲得最大利潤，必須對生產要素進行合理的組合。

2. 邊際生產力理論（Theory of Marginal Productive）

對生產要素的需求，取決於它的邊際生產力。因為對生產要素的需求並不來自消費者，而是生產廠商。廠商對於生產要素的需求的目的是賺取利潤，而利潤是收益與成本的差額。所以廠商願意為該生產要素支付的價格，取決於該生產要素能夠為自己帶來的收

益，即要考慮該生產要素的邊際生產力的大小。

邊際生產力這一術語是19世紀末美國經濟學家克拉克首創並進一步用於其分配論分析的。邊際生產力的反應指標有兩類，一類是實物指標，一類是價值指標。

實物指標為邊際物質產品（Marginal Physical Product，有時被簡稱為邊際產品 MPP），它指的是在其他條件不變前提下每增加一個單位要素投入所增加的產量。

價值指標有兩個，邊際收益產品和邊際產品價值。

邊際收益產品（Marginal Revenue Product，MRP），指的是增加一個單位要素投入帶來的產量所增加的收益。它等於邊際實物產量與邊際收益的乘積，即：

$$MRP = MPP \times MR \tag{8.1}$$

邊際產品價值（Value of Marginal Product，VMP），指的是每增加一單位要素投入所增加的產值。它等於邊際實物產量與產品價格的乘積，即：

$$VMP = MPP \times P \tag{8.2}$$

根據邊際產量遞減規律，邊際產品 MP 是生產要素 L 的減函數，所以，邊際要素產品 MRP 也是生產要素 L 的減函數。隨著數量的不斷增加，生產要素帶來的邊際收益產品 MRP 也開始呈現遞減趨勢，稱之為邊際生產力的遞減規律。

3. 完全競爭廠商的生產要素需求

前面在分析產品市場時，完全競爭產品市場被描述為具有如下特點：大量的具有完全信息的買者和賣者買賣完全相同的產品。顯然，這種完全競爭廠商實際上只是「產品市場上的完全競爭廠商」。一旦從產品市場的分析擴展到產品市場加要素市場，則僅僅是產品市場完全競爭還不足以說明廠商的完全競爭性，還必須要求要素市場也是完全競爭的。

和完全競爭產品市場一樣，完全競爭要素市場的基本性質可以描述為：要素的供求雙方人數都很多；要素沒有任何區別；要素供求雙方都具有完全的信息；要素可以充分自由地流動，等等。顯然，完全滿足這些要求的要素市場在現實生活中也是不存在的。

本章把同時處於完全競爭產品市場和完全競爭要素市場中的廠商稱為完全競爭廠商。按照這個規定，不完全競爭廠商包括如下三種情況：第一，在產品市場上完全競爭，但在要素市場上不完全競爭；第二，在要素市場上完全競爭，但在產品市場上不完全競爭；第三，在產品市場和要素市場上都不完全競爭。這裡主要討論上述定義的完全競爭廠商的要素使用原則及對要素的需求。

（1）完全競爭廠商使用要素的原則

這裡假定，完全競爭廠商只使用一種生產要素，生產單一產品，追求最大限度的利潤。在這些假定下，我們首先論述一般西方經濟學教材關於完全競爭廠商使用生產要素的一般原則。利潤最大化要求任何經濟活動的「邊際收益」和「邊際成本」必須相等。這一點不僅適用於產品數量的決定，而且也適用於要素使用量的決定。

在完全競爭市場上，生產要素的價格對於廠商來說是一個既定的量，所以廠商購買每一單位要素所花的成本和增加一個要素所引起的全部成本的增量相等，即邊際要素成本等於平均要素成本，並且它們都等於價格。廠商為了獲得最大利潤，必須使邊際收益產品或邊際產品價值等於邊際要素成本，即：

$$MRP = VMP = MFC \tag{8.3}$$

(2) 完全競爭廠商的生產要素需求曲線

在完全競爭條件下，廠商使用生產要素的原則是 MRP = VMP = MFC，對某一廠商來說，價格是不變的，廠商對生產要素的需求就取決於邊際生產價值或邊際收益產品。在使用一種可變投入或可變要素的情況下，廠商的要素需求曲線 d 就是這種要素的邊際收益產品或邊際產品價值曲線，如圖 8-1 所示。

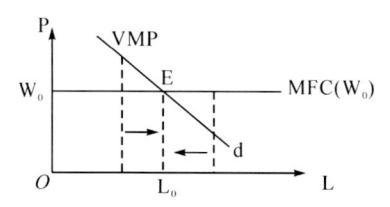

圖 8-1　完全競爭廠商生產要素需求曲線

圖 8-1 中，MRP = VMP = d，表示完全重合的邊際產品價值和邊際收益產品曲線，由於邊際生產力遞減，所以生產要素的需求曲線是一條向右下方傾斜的曲線。當要素價格已知時，在曲線上每一對應點都意味著廠商的邊際收益產品或邊際收益價值等於邊際要素成本。

(3) 完全競爭市場的生產要素需求曲線

在完全競爭市場上，單個廠商使用某一生產要素的價格和數量的變化不會影響產品的價格。但在市場或行業都增加使用某一要素時，會增加產品產量，會引起產品的價格下降，從而使要素的邊際收益產品變小，於是每個廠商對該要素的需求量就會減少，所以該要素的市場需求曲線比廠商的需求曲線要陡一些，如圖 8-2 所示。

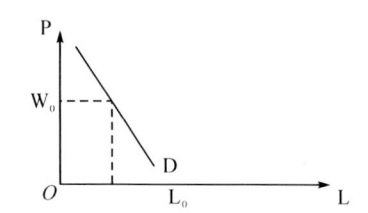

圖 8-2　完全競爭市場生產要素的需求曲線

二、生產要素的供給

從供給方面來看，生產要素的供給與一般商品的供給也不同。第一，生產要素的供給既有生產者也有消費者。生產者向市場供給鋼材、水泥、木材等中間生產要素，消費者向市場提供土地、勞動、資本和企業家才能等原始生產要素。生產者供給生產要素的目的是利潤最大化，消費者供給生產要素的目的是效用最大化。可見，中間生產要素的供給就是一般的生產者利潤最大化問題，這裡不展開討論。但是原始生產要素的供給者是消費者，所以我們需要利用效用最大化的分析方法來分析原始生產要素的供給和價格。

1. 生產要素供給的原則

由於原始生產要素都歸消費者所有，所以生產要素的供給問題實際上是消費者的效用

最大化問題。對於某個具體消費者而言，其擁有的生產要素的數量總是固定的，消費者就需要把有限的生產要素在保留自用和市場供給兩種用途之間分配。因此，原始生產要素的供給問題就可以被看成：為了實現效用最大化，消費者如何把既定的資源在保留自用和市場供給兩種用途之間進行分配。

(1) 效用最大化的條件

一個追求效用最大化的消費者供給生產要素的原則是：要素供給帶來的邊際效用應該等於要素保留自用帶來的邊際效用。否則，如果要素供給帶來的邊際效用小於要素保留自用帶來的邊際效用，那麼減少生產要素的供給顯然可以進一步增加總效用；要素供給帶來的邊際效用大於要素保留自用帶來的邊際效用，那麼增加生產要素的供給可以增加總效用。所以，只有當保留自用帶來的邊際效用等於要素供給帶來的邊際效用時，消費者才能實現效用最大化。

(2) 要素供給的邊際效用

那什麼是要素供給的效用（及邊際效用）？什麼是自用資源的效用（及邊際效用）？顯然，把資源作為生產要素供給市場本身對消費者來說並無任何效用。消費者之所以供給生產要素是為了獲得收入。正是這種要素帶來的收入具有效用，因此，要素供給的效用是所謂「間接效用」：要素供給通過收入而與效用相聯繫。假設要素供給增量（例如勞動供給增量）為 $\triangle L$，由此引起的收入增量為 $\triangle y$，而由收入增量所引起的效用增量為 $\triangle U$，則：

$$\frac{\triangle U}{\triangle L} = \frac{\triangle U}{\triangle Y} \cdot \frac{\triangle Y}{\triangle L}$$

取極限即得：

$$\frac{dU}{dL} = \frac{dU}{dY} \cdot \frac{dY}{dL} \tag{8.4}$$

式中，dU/dL 即為要素供給的邊際效用，它表示要素供給量增加一單位所帶來的消費者效用增量；dU/dY 和 dY/dL 則分別為收入的邊際效用和要素供給的邊際收入。因此，(8.4) 式表示：要素供給的邊際效用等於要素供給的邊際收入與收入的邊際效用的乘積。

一般來說，單個消費者不過是要素市場上眾多要素所有者之一，即它是要素市場上的完全競爭者。它多提供或少提供一點要素供給量並不影響要素的市場價格。或者說，它所面臨的要素需求曲線是一條水平線。在這種情況下，要素的邊際收入顯然就等於要素的價格，即：

$$\frac{dY}{dL} = W$$

於是 (8.4) 式簡化為：

$$\frac{dU}{dL} = \frac{dU}{dY} \cdot W \tag{8.5}$$

這便是完全競爭條件下消費者要素供給的邊際效用公式。

如果消費者不是要素市場上的完全競爭者，則要素供給的邊際效用表達式仍然為一般形式的 (8.4) 式。

(3) 自用資源的邊際效用

與要素供給提供間接效用相比，自用資源的情況稍稍複雜一些：它既可帶來間接效用，亦可帶來直接效用，而且更為重要的是帶來直接效用。例如，拿消費者擁有的時間資源來說，如果不把時間用於勞動（即不作為勞動要素去供給市場），則可以將它用來做家務、看電影或乾脆休息。顯然，自用時間在這裡是通過不同的途徑產生效用的。在第一種情況下，它節省了本來須請別人來幫忙做家務的昂貴開支，因而和要素供給一樣，可以說是間接地帶來了效用，即通過節約開支相對增加收入從而間接增加效用；在后兩種情況下，它則直接地增加了消費者的效用，因為它直接地滿足了消費者的娛樂和健康的需要。

為了分析的簡單方便，以后假定自用資源的效用都是直接的，即不考慮類似於上述時間可以用來干家務這類現象。若用 L 表示自用資源數量，則自用資源的邊際效用就是效用增量與自用資源增量之比的極限值 dU/dL，它表示一單位自用資源所帶來的效用增量。

(4) 要素供給原則

借助於上面指出的要素供給的間接效用和自用資源的直接效用概念，可以將效用最大化條件表示為：

$$\frac{dU}{dL} = \frac{dU}{dY} \cdot W$$

如果考慮有所謂「收入的價格」Wy，則顯然有 Wy = 1。於是可以將（8.5）式寫成：

$$\frac{dU/dL}{dU/dY} = \frac{W}{W_y}$$

上式左邊為資源與收入的邊際效用之比，右邊則為資源和收入的價格之比。這個公式與產品市場分析中的效用最大化公式是完全一致的。

2. 不同要素的供給

在市場經濟中，大部分生產要素歸個人所有。人們擁有自己的勞動，可以控製勞動的使用。勞動作為人力資本只能出租，不可出售。資本和土地一般為家庭和企業所有。

勞動供給是由許多經濟和非經濟的因素決定的。勞動供給的主要決定因素是勞動的價格（即工資率）和一些人口因素，如年齡、性別、教育和家庭結構等。土地和其他自然資源的數量是由地質來決定的，並且不可能發生重大的變化，儘管其質量會受到自然資源保護現狀、開拓方式和其他改良措施的影響。資本的供給依賴於家庭、企業和政府部門過去的投資狀況。從短期看，資本像土地一樣固定不變，但是從長期來看，資本的供給對收入及利率等經濟因素非常敏感。

生產要素的供給曲線形狀很多，它們有的可能是正向傾斜的，也有可能是負向傾斜的，甚至可能是垂直的。

生產要素的供給取決於各要素的特點及其所有者的偏好。一般來說，各種要素供給與價格呈正相關關係。像土地這樣的生產要素的供給是固定的。在一些特殊情況下，當要素價格提高，其所有者的收入大大提高時，其供給曲線可能會向后彎曲，勞動的價格——工資就是如此。

【拓展閱讀】

「文憑」與「人才」[1]

在中國，人們常把「文憑」與「人才」混為一談，認為拿著大學或碩士或博士文憑就是人才。其實，人才是能夠創造更多社會財富的勞動力。勞動力價格與普通商品價格一樣由市場定價，雇主認為一個人能創造更多的財富，才肯高薪聘請。當然，雇主一般不會給一個剛出校門的畢業生高薪，因為他還沒經過市場檢驗其創造財富的能力，所以，成熟市場國家雇主招聘時更看重應聘者的工作經歷，而不是文憑。

學歷只證明一個人的學習經歷，文憑只能證明其完成某種學業，它並不能代表其水平，特別在學術風氣不端的環境下培養出的博士、碩士的水平更會打折扣，所以，我們絕不能僅憑文憑判斷一個人是不是人才。人類文明發展史告訴我們，世界上那些對人類文明做出過卓越貢獻的人，學歷大多並不高。比爾·蓋茨和史蒂夫·喬布斯在信息技術領域所做的貢獻是歷史開創性的，他們推動了各個領域的科技進步，改變了全世界人民的生活方式，可他倆連個大學文憑都沒有，難道他們不是人才？

市場是檢驗人才的唯一標準。市場配置勞動力資源是公平的，因為各種類型的勞動力的價值都經過了市場的檢驗。你說你是「人才」，那就該是騾子還是馬要拉出來遛遛，看你在市場上能為社會創造多大價值。

第二節 勞動與工資

工資是一定時期內，給予提供勞動的勞動者的報酬，一般指工資率，即單位時間的工資。工資是勞動的市場價格，因此它也是由勞動的供求狀況決定的。

一、勞動的供給

勞動供給是指勞動者在不同勞動價格水平上願意並能夠提供的勞動數量。勞動價格通常用工資率加以衡量。工資率指單位勞動（時間）的工資，勞動價格水平實際是指工資率高低。

勞動供給涉及消費者對其擁有的既定時間資源的分配。由於一天只有固定 24 小時，如果假定消費者每天必須睡眠 8 小時，則消費者可以自由支配的時間資源每天為固定的 16 小時。消費者可能的勞動供給只能來自 16 小時之中，而不能超過它，其最大勞動供給為 16 小時。設勞動供給量為 6 小時，則全部時間資源中的剩餘部分為 10（16-6=10）小時，稱為「閒暇」時間。閒暇時間包括除必需的睡眠時間和勞動供給之外的全部活動時間，如

---

[1] 劉植榮. 大學生工資一定要比保姆的高嗎？[N]. 羊城晚報, 2014-07-12.

用於吃喝玩樂等各種消費活動的時間。當然，閒暇時間也可用於非市場活動的「勞動」，如干家務活。為簡單起見，不考慮這種情況。若用 T 表示閒暇，則 16-T 就代表消費者的勞動供給量。因此，勞動供給問題就可以看成消費者如何決定其固定的時間資源 16 小時中閒暇 T 所占的部分，或者說，是如何決定其全部資源在閒暇和勞動供給兩種用途上的分配。

消費者選擇一部分時間作為閒暇來享受，選擇其餘時間作為勞動供給。前者即閒暇直接增加了效用，后者則可以帶來收收入，通過收入用於消費再增加消費者的效用。因此，就實質而言，消費者並非是在閒暇和勞動兩者之間進行選擇，而是在閒暇和收入之間進行選擇。或者更一般地說，是在自用時間資源和收入之間進行選擇。

二、勞動供給曲線

勞動供給與閒暇需求存在著反向變化關係。我們可以把工資視為閒暇的機會成本，因此我們可以用閒暇需求曲線來解釋勞動供給曲線。我們知道，正常物品的需求曲線之所以向右下方傾斜是因為受到替代效應和收入效應的影響。同樣，閒暇需求也受到替代效應和收入效應的影響。我們分別來看一下：

（1）替代效應

假定閒暇的價格即工資上漲。相對於其他商品而言，閒暇這個商品現在變貴了，於是消費者減少對它的「購買」，而轉向其他替代品。由於替代效應，閒暇需求量與閒暇價格反向變動。

（2）收入效應

對於一般商品，價格上升意味著消費者實際收入下降，但閒暇價格的上升卻意味著實際收入的上升。隨著收入的增加，消費者將增加對對閒暇商品的消費。由於收入效應，閒暇需求量與閒暇價格的變化相同。隨著閒暇價格的上升，閒暇需求量究竟是下降還是上升取決於兩種效應的大小。替代效應大於收入效應時，閒暇需求量隨著工資的增加而減少；當收入效應大於替代效應時，閒暇需求量隨著工資的增加而增加（勞動供給曲線向后彎）。通常收入效應要小於替代效應，但閒暇價格的變化有時也會超過替代效應。當工資處於較高水平，此時工資上漲引起的收入增量就會很大，從而可以超過替代效應。因此供給曲線在較高的工資水平上開始向后彎曲（如圖 8-3 所示）。

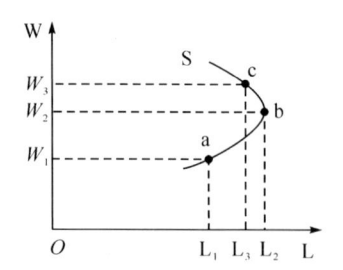

圖 8-3　向後彎曲的勞動供給曲線

三、勞動的市場供給曲線和均衡工資的決定

將所有單個消費者的勞動供給曲線相加，即得到整個市場的勞動供給曲線。儘管許多單個消費者的勞動供給曲線可能向后彎曲，但勞動的市場供給曲線卻不一定也是如此。在較高的工資水平上，現有的工人也許提供較少的勞動，但高工資也吸引進來新的工人，因而總的市場勞動供給一般還是隨著工資的上升而增加，從而市場的勞動供給曲線仍然是向右上方傾斜的。

由於要素的邊際生產力遞減和產品的邊際收益遞減，要素的市場需求曲線通常總是向右下方傾斜。勞動的市場需求曲線也不例外。將向右下方傾斜的勞動需求曲線和向右上方傾斜的勞動供給曲線綜合起來，即可決定均衡工資水平，如圖8-4所示。圖8-4中的勞動需求曲線 D 和勞動供給曲線 S 的交點是勞動市場的均衡點。該均衡點決定了均衡工資 W_0、均衡勞動數量 L_0。因此，均衡工資由勞動市場的供求曲線決定，且隨著這兩條曲線的變化而變化。

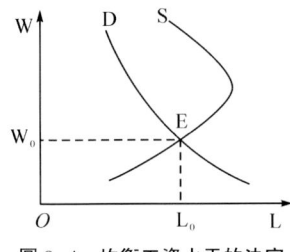

圖 8-4 均衡工資水平的決定

【拓展閱讀】

外科醫生和快餐工人的收入差別[①]

在美國，外科醫生每年平均收入為245,000美元，而全職的快餐工人每年平均收入為12,000美元。為什麼外科醫生和快餐工人的收入差異會這麼大？

我們可以用生產要素的供給和需求決定要素價格的理論來分析這個問題。

由於行醫需要執照，成為一個外科醫生所受教育和訓練時間長、成本高，外科醫生的供給相當有限，因而美國的職業外科醫生只有50,000名。而由於對外科醫療的需求與其他醫療服務的需求一起迅速增長，結果外科醫生每年平均收入為245,000美元。此外，由於需求上升比產出增長來得要快，因此醫生的收入還會急遽增長。

快餐行業的工作對於技術或教育沒有什麼要求，幾乎每個人都能做。勞動供給很有彈性，它雇傭的人員已由1970年的150萬上升到1993年的250萬。快餐工人的工資接近於最低工資，因為進入這個市場很容易，全職工人平均每年掙12,000美元。外科醫生和快餐工人的收入懸殊的原因何在？關鍵是勞動質量的差別，而不是工作時間的差別。

這個例子說明，生產要素價格及人們的收入並不僅僅由機會決定。供求的力量會成為

---

① 王哲，等. 西方經濟學 [M]. 成都：西南財經大學出版社，2011：131.

使供給有限或需求很大的要素，通過較高的邊際收益產品的形式產生很高的收益。如果一種要素，如外科醫生，因培訓要求提高而變得更為緊缺，那麼這種要素的價格就會上升，醫生就會得到更高的收入。然而如果某些領域（如精神病學領域）的需求減少，或許是因為保險公司縮減了精神病的承保範圍，或者是由於社會工作者和心理學家拉走了病人，或者是人們不再需要這麼多的諮詢，那麼精神病醫生的收入會降低。

競爭會給予一切，也會帶走一切！

第三節　地租與尋租

地租也稱為土地租金，是土地所有者出讓土地使用權獲得的報酬。本節主要闡述地租以及由其衍生出的準租金和經濟租金等理論。

一、土地與地租

經濟學中的土地，泛指一切自然資源，其特點被描述為「原始的和不可毀滅的」。說它是原始的，因為它不能被生產出來；說它是不可毀滅的，因為它在數量上不會減少。土地數量既不能增加也不能減少，因而是固定不變的。或者也可以說，土地的「自然供給」是固定不變的，它不會隨著土地價格的變化而變化，所以其供給曲線是垂直的，如圖8-5（a）所示。

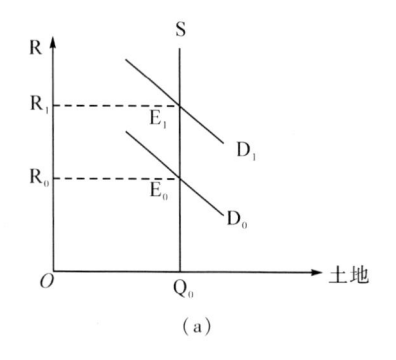

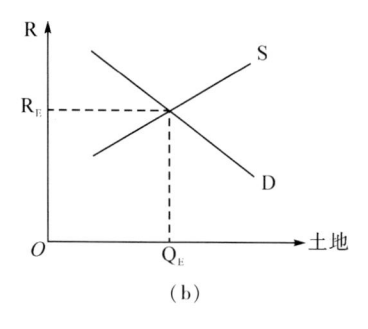

圖8-5　地租的決定

地租是在一定時期內利用土地的生產力所支付的代價，或是提供土地這一生產要素的報酬。地租是由土地的供給和需求共同決定的。同其他的生產要素一樣，土地向右下方傾斜的需求曲線也是由遞減的邊際生產力決定的，如圖8-5（a）所示，隨著社會經濟發展，對土地的需求會越來越大，地租也會隨著增加。圖8-5（a）中，當需求曲線D_0提高到D_1時，地租由R_0提高到R_1。不難發現，土地供給的零彈性決定了地租的變化只與需求有關。

雖然土地的總量是固定的，但具體到某一用途，土地的供給量不再是固定不變的，因

為土地的用途是可以改變的。例如，原用於農業生產的土地可用於建工廠，原用於建工廠的土地可用於開發商品房。當土地所有者決定改變某一塊土地的用途時，首先會作收益和機會成本的比較，確保能獲取最大收益，這樣行業的土地供給曲線應是一條向右上方傾斜的曲線，如圖8-5（b）所示。而該行業的地租和土地使用量則決取於行業土地的供給曲線與需求曲線的交點。這種情形下形成的地租叫作轉移地租或轉移租金。

二、級差地租

由於地理位置、氣候狀況、肥沃程度和礦藏含量等方面原因，形成的土地質量和等級的差別，使得其邊際生產力有大有小，從而又會導致對同一用途的不同級別土地的需求不一樣，所決定的地租也不相同。級別高的土地，邊際生產力高，地租相應就高。所謂級差地租，就是不同級別的土地與同一用途的最劣土地之間的地租差額。

三、準地租與經濟租金

地租與資源供給固定不變相聯繫，這裡的固定不變顯然對（經濟學意義上的）短期和長期都適用。但是，在現實生活中，有些生產要素儘管在長期中可變，但在短期中卻是固定的。這些要素的價格在某種程度上也類似於租金，通常被稱為「準租金」。所謂準租金就是對供給量暫時固定不變的生產要素的支付，即固定生產要素的收益。它等於總固定成本與經濟利潤之和。當經濟利潤為0時，準租金等於總固定成本。當廠商虧損時，準租金小於總固定成本。

經濟租金是指生產要素的所有者得到的實際收入高於他們期望得到的收入，超過的部分收入就被稱為經濟地租。它說明要素收入的減少並不會影響該要素的供給。經濟租金是生產要素所有者所得到的超過他預期的收入的部分，故稱為生產者剩餘。它類似於消費者剩餘，但消費者剩餘是一種心理現象，而生產者剩餘則是生產要素供給者得到的一種額外的實在的收入。

總之，經濟租金是要素收入的一部分，該部分並非為獲得要素於當前使用中所必須，它代表著要素收入中超過在其他場所可能得到的收入部分，即經濟租金等於要素收入與其機會成本之差。

第四節 資本與利息

資本是由經濟制度本身生產出來並被用作投入要素以便進一步生產更多的商品和勞務的物品。一方面，作為生產服務的源泉，資本本身具有一個市場價格，即所謂資本價值，如一臺機器、一幢建築物在市場上可按一定的價格出售；另一方面，資本也與土地和勞動等其他要素一樣，可以在市場上被租借出去（注意不是出售）。因此，為生產服務的資本也有一個價格，即使用資本（或資本服務）的價格。利息就是資本這一生產要素的使用價

格，是使用資本的報酬。

利息率是利息與借貸資本的比例，其高低決定於資本的供求狀況。廠商對資本的需求取決於資本的邊際生產力。所謂資本的邊際生產力，是指其他生產要素不變，增加一個單位資本所能增加的邊際收益產品。邊際生產力遞減規律決定了資本的需求曲線自左向右下方傾斜。將所有單個廠商對資本的需求曲線匯總即形成資本的需求曲線（如圖8-6所示）。資本的供給就是資本所有者在不同的利息率水平上願意而且能夠提供的資本數量。資本供給主要取決於讓渡資本的機會成本及其風險，一旦借出資本所獲得的利息報酬可以補償這些成本，資本供給才成為現實。資本的供給曲線自左向右上方上升，如圖8-6所示，表示利息率越高，資本的供給越大。資本的供給有以下幾個基本來源：家庭儲蓄、廠商的未分配利潤、中央銀行新增加的貨幣發行量、金融體系創造的貨幣等。

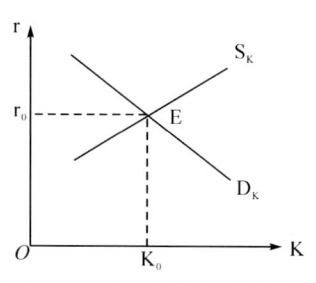

圖8-6 資本需求曲線和供給曲線

【綜合案例討論】

中國的要素市場發展[①]

引入自由市場是過去30年改革的主題。但幾乎所有的要素市場，包括勞動力、土地、資本、能源和環境仍然是扭曲的。

中國勞動力充裕而且便宜，這是發展勞動密集型出口成功的關鍵所在。但中國的勞動力成本可能因兩個原因而存在扭曲：城鄉勞動力分割，社會福利體系發展不足。勞動力市場的分割是改革前引入的戶籍制度所導致的一個結果。不同的戶籍會帶來許多區別，城市居民擁有社會福利，如醫療保險、養老金、失業保障、教育，儘管大部分仍然發展不完善；農民工即使在城市工作多年也無法獲得這些。另外，繳費過少最主要的是城市福利。如果城市雇工為農民工支付福利，支出將上升35%~40%。其中包括養老金20%、醫療保險6%、失業保險2%、工傷保險1%、生育保險0.8%、住房公積金5%~10%。

資本市場的扭曲也是存在的。國內，金融系統受壓抑，利率受到高度管制，信貸配額受國家影響。國外，資本帳戶控制中對流出的控制比對流入的控制更嚴。貨幣至少在過去15年中被低估。這些金融壓抑可能減少資本效率和資本成本。世界銀行研究顯示新興經濟體的金融自由化會提高國內利率幾個百分點。

中國名義GDP增長率和政府長期債券收益率之差，與亞洲其他國家相比更大，顯示

---

① 高潔，李賢海. 經濟學原理 [M]. 北京：高等教育出版社，2012：126.

中國資本相對便宜。2008年年底，該差為10個百分點，印度為6.5，馬來西亞為5.7，韓國為2.6。與亞洲其他經濟體相比，中國名義GDP增長率是最高的，但國債收益率是最低的。

中國的城市土地歸政府所有，農村土地歸集體所有。近期，地方政府以協商和拍賣形式將土地出售給開發商。但是工業用地沒有決定價格的市場機制，通常由政府部門通過協商決定。為了吸引投資，提高經濟增長率，地方政府往往以折價甚至是零利率向投資者提供土地使用權。

石油、天然氣、電力等關鍵能源產品價格由政府控制。電力由國家發改委決定，儘管政府有時召開聽證會以改進決策質量。1998年，作為石油價格自由化的重要步驟，國家宣布國內價格與紐約、新加坡和鹿特丹價格聯動。2000年，國家發改委7次提升油價以使國內價格與國際水平更接近。當然，當國際價格大幅波動時，發改委為防止損害經濟增長，不會跟隨。

思考與分析：

仔細閱讀上面的材料，思考它所反應的中國要素市場發展中的問題以及改革的方向。

【復習與思考】

一、名詞解釋

生產要素邊際生產力

邊際收益產品

邊際要素成本

邊際產品價值

工資

地租

準租金

經濟租金

利息

二、計算題

1. 在下列各項中，不屬於生產要素的是（　　）。
   A. 農民擁有的土地　　　　B. 煤礦工人採煤時所付出的低廉的勞動
   C. 在櫃臺上銷售的產品——服裝　　D. 企業家的才能
2. 勞動者供給勞動的一般原則是使閒暇對收入的邊際替代率等於（　　）。
   A. 勞動率　　　　　　　B. 利息率
   C. 地租率　　　　　　　D. 工資率
3. 就單個勞動者而言，一般情況下，在工資率較低的階段，勞動供給量隨工資率的上升而（　　）。
   A. 上升　　　　　　　　B. 下降
   C. 不變　　　　　　　　D. 不確定
4. 隨著單個勞動者的勞動供給曲線向后彎曲變化，市場的勞動供給曲線將會

( )。
　　A. 向前彎曲　　　　　　　　B. 仍保持向右上方傾斜
　　C. 向後彎曲　　　　　　　　D. 以上均不是
5. 在完全競爭市場條件下，其廠商生產一種產品的要素投入價格為20元，它的邊際產量為5，則根據利潤最大化原則，出售該產品的邊際收益應為（　　）。
　　A. 20元　　　　　　　　　　B. 10元
　　C. 5元　　　　　　　　　　 D. 4元
6. 在完全競爭市場上，土地的需求曲線與供給曲線分別是（　　）。
　　A. 水平，垂直
　　B. 向左下方傾斜，向右下方傾斜
　　C. 向右下方傾斜，向左下方傾斜
　　D. 向右下方傾斜，垂直於數量軸

三、計算題

1. 假定對勞動的市場需求曲線為 $D_L = -6000 - 100W$，勞動的供給曲線為 $S_L = 100W$，其中 S_L、D_L 分別為勞動市場供給、需求的人數，W 為每日工資。

(1) 在這一市場中，勞動與工資的均衡水平是多少？

(2) 假如政府對工人提供的每單位勞動課以10美元的稅，則新的均衡工資為多少？

2. 如果勞動的邊際產量為 $100/L$，資本的邊際產量為 $50/K$，工資為5元，資本的價格是100元，產品的價格是12元。一個完全競爭的廠商需要多少資本和勞動？

四、簡答題

1. 什麼是生產要素？生產要素需求的特點是什麼？
2. 生產要素的價格決定與一般商品的價格決定有什麼不同？
3. 什麼是邊際生產力？它包括了哪些概念？在不同的市場結構中是如何決定的？
4. 完全競爭條件下，生產要素市場是如何達到均衡的？其均衡的條件是什麼？
5. 勞動供給曲線是如何確定的？為什麼向後彎曲？
6. 如何區分準地租和經濟租金？

第九章　市場失靈與政府干預

【導入案例】

公共草地的悲劇

在中世紀英國的一個小鎮上，居住著許多居民，他們擁有一個公共牧場，並以牧羊獲取收入。在居民們牧羊的數量還不是很多的時候，大家都有穩定的經濟來源。但隨著時間的流逝，鎮上的人口越來越多，公共牧場上的羊也越來越多，牧場開始不堪重負，失去了自我養護的能力。而問題的嚴重性並未引起人們的重視，大家依舊繼續在牧場增加放牧的羊群，直到最后牧場變得寸草不生。沒有草，人們也沒有辦法再繼續牧羊，鎮上的羊毛業消失了，人們也失去了一項重要的生活來源。

這是一則古老的故事，而且這樣的故事直到今天依然在繼續。在市場不能很好地發揮作用的地方，我們應該怎麼做？

第一節　市場失靈

一、市場失靈的含義

古典經濟學的理論告訴我們，在完全競爭的市場上，在價格這只「看不見的手」的作用下，單個理性經濟單位在追求自身利益最大化的同時，也實現了整個社會資源效用的最大化。但是在現實的經濟生活中，由於條件的限制，並不存在完全競爭市場，價格這只「看不見的手」並不能完全發揮作用。在這樣的前提下，現實的市場運作結果並不像想像中的那麼完美。我們把這種在現實經濟中僅靠市場機制本身並不能實現社會資源最有效的配置的情況稱為市場失靈。市場失靈一般包括壟斷、外部性、公共物品以及非對稱信息等。

二、壟斷

在前面的章節我們已經學習過，壟斷是廠商對市場的控制，壟斷廠商不是價格的接受者，而是市場價格的制定者。壟斷會導致消費者福利受損，社會資源浪費和資源配置的低效率，阻礙競爭以及影響技術進步速度等負面影響。這是市場失靈的一個重要表現。

如圖 9-1 所示，壟斷廠商根據 MR = MC 原則確定利潤最大化的市場均衡價格 P_m 和均衡產量 Q_m。而如果市場是完全競爭的，壟斷廠商只能是市場價格的接受者，根據 P = MC

的原則，其均衡價格應為 P*，均衡產量應為 Q*，社會資源實現最優配置。顯然，壟斷市場價格更高，而產量更低，出現了資源的低效率配置。由此造成的社會淨損失是圖 9-1 中三角形 ABC 的面積。另外，消費者必須支付比完全競爭市場均衡價格更高的價格來購買商品，消費者福利受到損失。

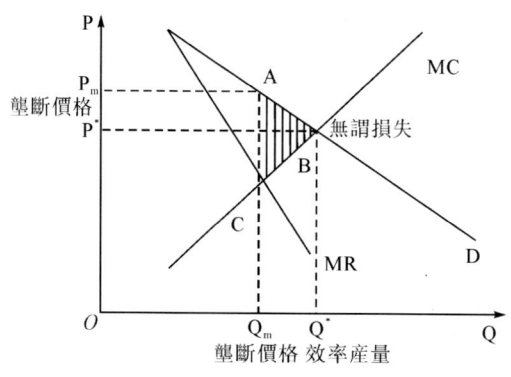

圖 9-1 壟斷引起的經濟損失

再者，壟斷廠商在獲得和維持壟斷的過程中也會引起經濟損失。為了獲得和維持壟斷地位從而享受壟斷的好處，壟斷廠商常常需要付出一定的代價。比如向政府官員行賄或者雇傭律師向官員進行遊說。這種「非生產性的尋利活動」被稱為「尋租」。尋租活動本身就是一種經濟損失，再加上在尋租市場上，尋租者往往不止一個，單個尋租者的尋租代價只是整個尋租活動經濟損失的一部分，而整個尋租活動的全部經濟損失等於所有單個尋租者尋租活動代價的總和。

最後，壟斷還會阻礙正常的競爭活動。一些寡頭和壟斷廠商一般都具有超額生產能力，一旦新的競爭者膽敢進入，就會開足馬力生產，讓進入者無利可圖，從而達到遏制競爭的目的。壟斷存在的要害在於阻礙競爭和技術創新，這都會造成社會資源的浪費或者資源配置的低效率。

三、外部性

外部性又稱外部效應，是指單個消費者或生產者的經濟行為對其他人的福利產生的影響。在現實的經濟活動中，一方面，某個人（生產者或消費者）的一項經濟活動會給其他社會成員帶來好處，但他自己卻不能由此得到補償。或者說，這個人從其活動中得到的私人利益小於該活動所帶來的社會利益，這種性質的外部性被稱為「外部經濟」（正外部性）。另一方面，如果某個人（生產者或消費者）的一項經濟活動給社會其他成員帶來危害，但他自己卻並不為此支付相應的成本。換句話說，這個人為其活動所付出的私人成本小於該活動所造成的社會成本，這種性質的外部性被稱為「外部不經濟」（負外部性）。外部性可以分為以下四類：

1. 生產的外部經濟（正外部性）

當一個生產者的經濟行為對他人產生了有利的影響，而自己卻不能從中獲得報酬時，便產生了正外部性。生產的正外部性有很多例子。比如說，一個企業進行新產品的研發，

當新產品研發成功推向市場后，被其他同類企業模仿。顯然其他企業模仿的成本遠遠小於該企業的研發成本，而該企業又不能從其他企業獲得相應的補償。因此，該企業從新產品的研發中獲得的私人利益小於該活動的社會利益，這就是生產的正外部性。

2. 生產的外部不經濟（負外部性）

當一個生產者的經濟行為使他人付出代價而又未給他人相應的補償時，便產生了生產的負外部性。比如，上游的工廠污染了河水，使下游的企業和居民不得不付出額外的費用來獲取清潔的水源，而上游的企業並不因此為下游的居民和企業付費。這就叫外部不經濟（負的外部性）。再比如建築企業施工造成的噪音影響周圍居民休息，但並不因此對居民進行補償等，都屬於生產的外部不經濟。

3. 消費的外部經濟（正外部性）

當一個消費者的經濟活動對他人產生了有利的影響，而自己卻不能從中獲得報酬時，就產生了消費的外部經濟（正外部性）。比如，在某個村莊某人家辦喜事，請人來放電影慶賀，村裡的其他人都可以來觀看，卻不用為此支付費用等。

4. 消費的外部不經濟（負外部性）

當一個消費者的經濟行為使他人付出代價而又未給予他人補償時，就產生了消費的外部不經濟（負外部性）。公共場合吸菸是一個明顯的外部不經濟的例子。吸菸者的行為危害了被動吸菸者的健康，但並未為此支付任何費用。還有，在公共場合隨意丟棄果皮、瓜殼等。

四、公共物品和公有資源

1. 物品的分類

觀察生活中的物品我們可以發現，有些物品是由市場提供的，比如餐飲、汽車、服裝等；而另外一些物品是由政府提供的公共產品，比如國防、學校等。我們可以按照物品的排他性和競爭性來對物品進行分類。排他性是指物品排斥他人消費的可能性。一件具有排他性的物品被一個人使用時就不能被別人使用，或者被一個人擁有時就不能被別人擁有。競爭性是指消費上的競爭性。即如果某人已經使用了某種商品，則其他人就不能再同時使用該商品。一種物品如果同時具有排他性和競爭性就成為私人物品。一般由市場提供的物品都可以看成私人物品。相反，一種物品既沒有排他性也沒有競爭性，就稱為公共物品。一種物品只有排他性但沒有競爭性則被稱為公共資源，而一種物品只有競爭性而沒有排他性則被稱為自然壟斷物品。這裡我們重點介紹公共物品和公共資源。

2. 公共物品

公共物品的範圍十分廣泛，如國防、治安、城市規劃、公共設施、環境衛生、天氣預報等。公共物品直接或間接地為企業生產和家庭生活提供服務，是社會總產品中不可或缺的部分。

如上所述，公共物品具有非排他性和非競爭性的特點。比如你走在一條公路上時，你無法排除其他人也走這條路。你在使用某種公共設施時，也無法排除其他人的使用。公共物品的非競爭性包含兩方面的基本含義：一是每增加一個消費者對供給者來說邊際生產成本為零。比如說海上燈塔是一種公共物品，每增加一艘船經過並受到燈塔指引並不會導致

燈塔的建造成本增加。一般來說，邊際生產成本是否為零是判斷一件物品是否具有競爭性的重要標準。二是邊際擁擠成本為零。也就是說，在公共物品的消費中，每個消費者的消費都不會影響其他消費者的消費數量和質量。換句話說，這種物品不但可以共同消費，而且在消費中也不存在擁擠現象。

3. 公共資源

公共資源的性質介於私人物品和公共物品之間，一方面它和公共物品一樣具有非排他性，想要享用公共資源的任何一個人都可以免費使用；另一方面它與私人物品一樣具有競爭性，一個人使用了某種公共資源就會減少其他人對公共資源的使用。所以把公共資源定義為具有競爭性和非排他性的物品。

在日常生活中，可以找到許多公共資源的例子，例如海洋、草原、清潔的空氣、水和石油礦藏等。還有一些物品，它們的非排他性和非競爭性不充分，因而有時是公共物品，有時又是公共資源，比如道路、橋樑等。

經濟學上把使用公共資源而產生的外部效應所造成的問題稱為公共資源問題（Common Resource Problem）。比如說，海洋的漁業資源是所有海洋漁業生產者共有的，但漁業資源又是有限的，在日益有限的漁業資源面前，一個國家、一個組織捕撈量的增加必然使其他國家或組織的捕撈量減少，他們的捕撈行為是競爭性的。但由於海洋是「共有」的，從捕撈者的角度看，獲得漁業資源的成本為零，他們的經濟利益直接與捕魚的數量掛鈎，個體利益與全球利益對立起來，這種競爭的結果使得人類對海洋資源的破壞變得更加瘋狂。通過上面的分析，我們發現，公共資源面臨的一個問題就是：當一個人利用公共資源時，就會減少其他人對這種公共資源的使用，換句話說，他對別人產生了負的外部效應或者增加了外部成本。

由於每個捕魚者都是根據自己的利益出發來決定各自的捕魚量的，也就是說，捕魚者並沒有考慮他們的行為帶來的外部負效應，在這種情況下，實際捕魚量就會超過對於整個社會有利的數量，海洋資源就會遭到破壞。

如圖 9-2 所示，由於漁業資源有限，增加漁船將會使每一艘船的平均收益降低，在圖 9-2 中表現為漁船的平均收益曲線向右下傾斜。假設每艘漁船的捕魚成本是一個常數，在圖中用水平線 C 表示，則當平均收益大於漁船的捕魚成本時，新增的捕魚者有利可圖，漁船的數量將繼續增加，一直到平均收益和成本相等的 E_2 點為止。

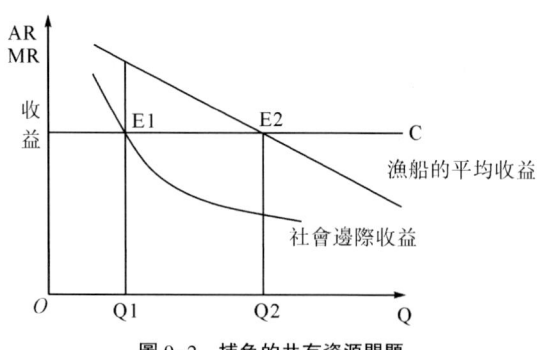

圖 9-2　捕魚的共有資源問題

在圖 9-2 中，由個體利益決定的市場均衡捕魚船數量為 Q_2。但從整個社會來看，由於個體漁船捕魚的外部負效應，社會的邊際收益低於漁船的收益線，社會的邊際收益線與捕魚成本線相交於 E_1 點。這時如果捕魚船的數量超過了 Q_1，再增加一條船所得的邊際收益將小於成本，對社會來說是得不償失的，因此社會有效率的捕魚船數是 Q_1。

可見，在公共資源存在的情況下，市場將背離社會利益。公共資源問題的出現主要是因為公共資源的外部負效應。而外部效應與權益界定不清晰有著密切的聯繫。因此，解決公共資源問題的辦法在於如何解決產權或權益的界定問題。

對於外部影響的消除，採用清晰界定產權是一種好方法，把它歸納為一個更一般的法則，就是科斯定理。羅納德·科斯（Ronald H. Coase）於 1960 年在《社會成本問題》一文中闡述了他關於外部效應的思想，后人把它總結為科斯定理（Coase Theorem）：只要產權是明確的，並且交易成本為零或者很低，則無論一開始把這種產權賦予誰，有關各方總能達成一致協議，使市場均衡的最終結果是有效率的。

假設有一個工廠把生產污水排入附近的河流，對沿岸 50 戶居民造成負的外部效應。假設每戶居民損失為 2000 元，則 50 戶共損失 10 萬元。這時有兩種解決方案，一是工廠修建一個污水處理池，費用為 8 萬元；二是工廠補償居民損失 10 萬元。顯然第一種方法成本較低，代表的是最有效率的方案（帕累托最優）。而如果市場選擇了第二種方案，說明市場還存在改進的可能（帕累托改進）。

按照科斯定理的含義，對於河流污染的解決，無論是給予工廠污染的權利，還是給予居民不受污染的權利，只要工廠和居民的協商費用為零或很低，那麼市場機制總能得到最有效率的結果，即採取修建污水處理廠的方法來解決河流污染的問題。我們來具體分析。假設把排放污水的權利給予工廠，那麼河流沿岸的 50 戶居民就會聯合起來，共同給排放污水的工廠義務修建一個污水處理池。這是因為修建污水處理池的費用為 8 萬元，每戶僅需出資 1600 元，低於每戶的損失成本 2000 元。而如果把不受污水侵害的權利給予居民，那麼工廠會自動修建一個污水處理池，因為此時工廠有解決污染問題的責任，如果不解決問題，工廠需要向居民賠償 10 萬元，高於修建水池的 8 萬元費用。

根據分析，我們可以發現，無論把污染權給誰，最終的結果都會選擇一個成本較低的方案。就像科斯定理描述的那樣，只要產權是明確的，並且交易成本為零或很低，則無論一開始把產權賦予誰，自由的市場機制最終總會找到最有效率的解決方案，達到帕累托最優。

五、非對稱信息與市場失靈

1. 非對稱信息的含義

非對稱信息（Asymmetric Information）是指經濟活動的某些參與人擁有但另一些參與人不擁有或不知道的信息。信息的非對稱可以從兩個方面進行劃分：一是非對稱發生的時間，二是非對稱信息的內容。

從非對稱發生的時間看，非對稱可以發生在交易前，也可以發生在交易后，分別稱為事前非對稱和事後非對稱。研究事前非對稱的模型稱為逆向選擇（Adverse Selection）模型，研究事後非對稱的模型稱為道德風險（Moral Hazard）模型。

從非對稱信息的內容來看，非對稱信息可以指某些參與人的行為（Actions），也可以指某些參與人的知識（Knowledge）。研究不可觀測行動的模型稱為隱蔽行為（Hidden Action）模型。研究不可觀測知識的模型稱為隱蔽知識（Hidden Knowledge）模型。

信息對於生產者和消費者都非常重要。在完全競爭市場的假定中，一般都假定生產者和消費者對於他們所面臨的經濟變量都具有完全的信息。但在現實的經濟活動中，非對稱信息屢見不鮮。比如汽車的銷售者對於汽車的優缺點很可能比消費者知道得多；手機的生產商對手機的不足之處在購買前比消費者更加瞭解。有時這種非對稱信息又正好反過來，比如健康保險的購買者一般要比出售保險的保險公司知道得多。

非對稱信息會導致資源配置不當，減弱市場效率，並且會產生逆向選擇和道德風險問題，導致市場失靈，而且在很多情況下，市場機制並不能解決非對稱信息問題。

2. 非對稱信息與逆向選擇

「逆向選擇」是指由交易雙方信息不對稱和市場價格下降產生的劣質品驅逐優質品，進而出現市場交易產品平均質量下降的現象。這種選擇不利於賣方，也不會利於整個市場的交易活動，並且使市場價格不能真實反應市場供求關係導致市場資源配置的低效率。比如說在股市中，投資者相對於上市公司處於信息弱勢地位，如果投資者不知道上市公司的經營狀況、盈利能力、產品的競爭力和公司管理層的變動等信息，投資者就很難確定自己購買股票的真正價值，也就無法進行正常的交易。

下面以二手車市場為例來說明由於信息不對稱而導致的逆向選擇的過程。假設一個二手車市場中各有100輛較好和較差的二手車待售。質量較好的二手車價值為20萬元，質量較差的價值為5萬元。通常二手車市場是一個信息非對稱的市場：賣方知道要出售的車是較好的還是較差的，但買方在交易時卻無法分辨。在交易時，聰明的賣方會宣稱自己出售的是較好的車，因為買方無法分辨；而理性的買方知道市場上有一半較好的車和一半較差的車，所以他願意支付的最高價格既不是20萬，也不是5萬，而是12.5萬（20+5）／2）。這意味著即使一輛較好的、價值20萬的二手車在市場上最多也只能賣到12.5萬元，此時一些好車的車主寧願把車留下自用，而不願以低價出售，因此好車逐漸退出市場，逆向選擇開始產生不利於市場的后果。隨著好車逐步退出市場，情況變得更糟。比如說，當市場中較好的車與較差的車比例從原來的1：1下降為1：3時，消費者願意支付的價格進一步下降為8.75萬元（20×1/4+5×3/4），車市中的成交價迫使更多的好車退出市場，到最後，車市中只剩下較差的車在交易。買賣雙方的信息不對稱，造成了市場的低效率（好車全部退出市場），這就是非對稱信息導致的逆向選擇。

為了進一步認識非對稱信息對市場有效性的影響，我們再來看一個火災保險市場的例子。假設私人住宅毀於火災的概率是1%，購買保險公司的火災保險將獲得10萬元的賠償，因此，如果保險公司售出1萬份保險單，那麼大約會有100份獲得賠償，總賠償金額為1000萬元。因此忽略保險公司的管理和營銷成本，保險公司對每份保單的定價應不少於1000元（1000萬元/1萬份）。在這種情況下，火災危險較高的消費者（並且他們自己也知道自己住宅的火災危險大）會覺得1000元的價格很有吸引力，因為他們遭受火災的概率大於1%因而預期收益大於1000元的保險價格。同時，火災危險較低的消費者會覺得1000元的價格沒有吸引力，因為他們遭受火災的概率小於1%而預期收益小於1000元。相反，保險公司對客戶的信息總是沒有客戶自己掌握的那麼多。這樣導致的結果就是保險公

司的客戶大多來自高火災風險的群體。

由於購買保險的消費者都是高風險的消費者，保險公司出售的保單中需要賠付的比例比預期的要大，為了保持償付能力，保險公司必須提高保單的價格，這會進一步使得低風險的消費者不願購買保險，以此往復，最終會形成只有高風險客戶願意購買這種保險，導致了逆向選擇。

以上兩個案例都是非對稱信息導致的逆向選擇。舊車市場是賣方由於非對稱信息而產生的逆向選擇（好車退出市場），火災保險市場是買方（保險客戶）由於非對稱信息而產生的逆向選擇（低風險消費者不願購買火災保險）。無論是什麼情況的逆向選擇，我們都可以看到由於信息的非對稱而導致的市場效率降低或者市場失靈。

3. 非對稱信息與道德風險

道德風險是指交易雙方在簽訂交易契約后，占據信息優勢的一方在使自身利益最大化的同時，損害了處於信息劣勢一方的利益，而信息優勢方並不承擔由此造成的全部后果的行為。

道德風險問題可以用委託—代理模型（Principal-agent Model）來分析。只要一種制度安排中一個人的福利取決於另一個人的行為，委託—代理關係就存在了。在現實經濟中，委託—代理關係是普遍存在的。如雇主和雇員、股東和經理、醫院和醫生、被告和律師等。在這些委託—代理關係中，前者是委託人，後者是代理人。

我們用一個雇主和雇員的委託代理關係來分析非對稱信息的道德風險問題。假設岳芳是一家計算機銷售商的雇員。在這裡，銷售商是委託人，岳芳是代理人。委託人的福利依賴於代理人的行為，但要雇主衡量一個雇員工作努力程度以及這一工作在多大程度上與雇主的目標相一致，往往是比較困難的，因為這裡存在著信息非對稱：雇員對自己工作的努力程度比雇主更具有完全信息。換句話說，雇主沒有雇員努力程度（生產率）的完全信息，這可能導致雇員在受雇之后產生隱蔽行為——偷懶。

在上述案例中，考慮兩種情況：

第一種情況，如果岳芳努力工作，在運氣好的時候，每月可以給雇主帶來 5 萬元的利潤，在運氣不好的時候，只能給雇主帶來 3 萬元利潤。

第二種情況，如果岳芳不努力工作（偷懶），在運氣好的時候，可以給雇主帶來 3 萬元的利潤，在運氣不好的時候，只能給雇主帶來 2 萬元的利潤。

顯然，當月利潤為 5 萬元的時候，雇主能夠知道岳芳已經努力工作了。同理，當月利潤為 2 萬元的時候，雇主也可以知道岳芳沒有努力工作。而當月利潤為 3 萬元時，雇主無法得知是岳芳努力工作了但運氣不好，還是岳芳沒有努力工作（偷懶）而運氣較好。此時，由信息非對稱而導致的道德風險就可能產生了。雇主應該如何解決這一問題呢？對雇主而言，顯然希望能夠促使岳芳努力工作，因為這樣會給雇主帶來更大的利潤。假設雇主給出這樣兩種解決方案：

第一種方案：固定月薪。不管岳芳有沒有努力工作，也不管她為雇主創造了多少利潤，她得到的是固定月薪，每月 4000 元。顯然這種方案並不能促進岳芳努力工作。道理很簡單，因為即使努力工作，她得到的也不會比不努力更多。假設在她一個月的銷售中，運氣好壞各占 50%，平均算下來，在她不努力的情況下，她的雇主可以預期她每月代理的利潤為：

3 萬元×0.5+2 萬元×0.5＝2.5 萬元

再從她帶來的這一利潤中減去每月的固定月薪 4000 元，則雇主平均每月可以獲得 2.1

萬元的淨利潤。具體如表 9-1 所示。

表 9-1　　　　　　　　　岳芳的兩種工資支付方案　　　　　　　　單位：元

支付方案	岳芳的預期收入		岳芳的預期收入	雇主的預期利潤
	努力工作	不努力工作		
1. 固定月薪 4000 元	4000	4000	4000	25,000−4000＝21,000
2. 獎勵工資：利潤達 5 萬元時，工資 1 萬元，其他情況工資 2000 元	6000	2000	6000	40,000−6000＝34,000

　　第二種方案：獎勵工資。如果岳芳創造了較高的利潤，她就可以得到更多的獎勵。月創造利潤 2 萬元~3 萬元，工資為 2000 元；月創造利潤達 5 萬元時，工資可達 1 萬元。假設她每月有 50%的好運氣和壞運氣的概率，可以預計，如果她努力工作，她每月平均可以得到：

　　1 萬元×0.5＋2000 元×0.5＝6000 元

　　如果她不努力工作，她每月只能掙得 2000 元。因為不管運氣好壞，只要她不努力工作，她每月只能創造 3 萬元或 2 萬元的利潤。

　　同時，如果岳芳努力工作，她每月平均為雇主創造的利潤為：5 萬元×0.5＋3 萬元×0.5＝4 萬元，再從 4 萬元中扣除 6000 元的工資，她每月為雇主創造的平均月淨利潤為 34,000 元，這比第一種方案要高得多。顯然在第二種方案下，岳芳和她的雇主福利都得到了改善。由信息不對稱產生的道德風險問題得到瞭解決。

第二節　政府對市場失靈的干預

　　在市場經濟條件下，市場是資源配置的最主要手段。但是如上一節所述，由於存在壟斷、外部性、公共物品和非對稱信息等，市場機制也會失靈，市場不能提供有效的資源配置方式，因此經濟活動需要政府的參與。

一、政府參與經濟活動的定位

　　從經濟學發展的歷史看，從重商主義開始，或是強調政府對市場的干預，或是強調市場的自由經營，始終是三百多年來經濟學中爭論不休的問題，爭論的目的，不外乎是要追求經濟發展的效率。政府在經濟活動中，在不同時期、不同國家大約扮演著以下三種角色：

　　（一）不干預經濟的「守夜人」角色

　　1776 年，英國經濟學家亞當・斯密發表了《國民財富的性質及其原因研究》（An Inquiry into the Nature and Causes of the Wealth of Nations），簡稱《國富論》，宣告了自由主義經濟學的誕生。斯密從利己主義人性論出發，提出了「看不見的手」理論體系。該理論的核心思想是每個人在經濟活動中從自己的利益最大化出發，通過市場這只「看不見的手」

對資源進行配置，結果會提高整個社會的經濟利益。換句話說，市場這只看不見的手是配置資源最有效的手段。因此，在經濟活動中，政府應採取絕對不干預的策略，只須充當經濟活動的「守夜人」。按照這個思想體系，政府的角色和職能被限定在以下三個方面：第一，保護社會免遭暴力行為的侵害；第二，保護社會成員免遭其他成員的侵害和壓迫；第三，建立並維持某些公共設施和公共工程。這以后世界上大多數市場經濟國家都奉行自由主義經濟思想，靠市場這只看不見的手來配置資源及調節經濟，創造了前所未有的繁榮。

　　(二) 積極的干預者角色

　　經濟的繁榮並沒有帶來社會經濟的持續均衡的發展，西方市場經濟國家從 19 世紀起每隔幾年就爆發一次週期性的經濟危機，最終釀成了震撼世界的 1929—1933 年資本主義國家的經濟大蕭條。這次世界經濟危機的空前嚴重性和持久性，使人們看到了自由市場經濟的局限性，市場這只看不見的手也有失靈的時候。人們充分意識到，在看不見的手之外，還得有一只「看得見的手」——政府，參與到市場經濟活動中來。英國經濟學家凱恩斯 1936 年發表《就業、利息和貨幣通論》(The General Theory of Employment, Interest, and Money)，指出傳統的自由主義經濟理論所假設的完全競爭市場在現實經濟生活中是不存在的，現實經濟活動純粹依靠市場調節不能導致社會供求均衡，也無法抵禦週期性的經濟波動。由此，政府在經濟活動中的作用應從不干預的「守夜人」角色轉變為經濟活動的「積極干預者」。后來的凱恩斯主義經濟學家以市場缺陷理論為基礎，充分肯定國家干預對於經濟運行的作用，並把政府的「積極干預者」角色解釋為四個方面：第一，為市場經濟確立法律框架；第二，影響資源配置以改善經濟效率；第三，制訂分配計劃促進收入公平；第四，通過經濟政策穩定經濟。經濟大蕭條后，凱恩斯政府干預經濟理論成為西方主流經濟學的核心理論。在實踐上，美國羅斯福政府在大蕭條后的「新政」拉開了政府干預經濟的序幕，西方各國從此紛紛奉行凱恩斯主義，加強了政府對於經濟活動的干預和調節，政府經濟職能不斷擴大，推動了經濟的復興和繁榮。

　　(三) 政府干預與市場調節的有限干預角色

　　20 世紀 70 年代，以美國為代表的西方國家經濟普遍處於「滯脹」狀態，一方面經濟停滯不前，另一方面，通貨膨脹率居高不下。凱恩斯的經濟理論不能完全解決現實經濟問題。西方國家的供給學派和制度學派一方面重新強調市場自由的重要性，另一方面對政府過度干預經濟提出了尖銳的批評。他們開始關注國家干預和市場調節相結合的問題。20 世紀 90 年代以後，政府與市場的有機結合理論逐漸成為主流，要求政府對諸如壟斷、外部性、公共物品的提供以及金融和資本市場上的非對稱信息等作出適當的干預。各國政府既對經濟實施一定的干預，又注重市場競爭機制的調節功能，政府的角色成為了有限干預者。其職能主要圍繞制訂市場規劃、監督規劃的執行及對違規行為進行懲罰；對宏觀經濟活動進行有效調控；通過合理選擇政策組合和干預方式，提高宏觀調控的效率和技能；適當參與公共物品的生產，從「私人物品」生產領域退出等。從某種意義上來說，這是對「不干預」和「過度干預」的政府角色的一種折中，即「有限干預」。

二、政府對市場失靈的干預

　　政府在經濟活動中主要行使三項職能：提高效率、增進公平以及促進宏觀經濟的穩定

增長。這裡主要討論政府對市場失靈的干預政策，即政府如何通過促進競爭、控制外部性、壟斷以及公共物品的提高來提高經濟效率。

(一) 政府對壟斷的干預

如前所述，壟斷會導致消費者福利受損，社會資源浪費和資源配置的低效率，阻礙競爭以及影響技術進步速度等，是市場失靈的一個重要表現。政府對壟斷的干預主要採用以下三種方法：價格管制、實施反壟斷法以及國有化。

1. 價格管制

自然壟斷以及公共事業行業是政府價格管制的重點。所謂價格管制，就是政府對上述行業設定一個低於市場均衡價格的交易管制價格，目的是使一些生產、生活必需品以公平合理的價格獲得。這些行業一般包括電力、城市供水、管道燃氣、電信、郵政、鐵路、民航等。這些行業提供的通常是關係國計民生的基礎性產品，在特定的社會經濟發展階段，是人們的生產生活必需品，有很強的正外部性。作為公眾代理人，政府有責任對這些產品實施價格管制。其核心是管制價格的確定，包括價格水平和價格結構兩方面。

2. 反壟斷法

壟斷企業最直接的影響就是阻礙行業的自由競爭以及技術進步，反壟斷法是政府對壟斷的更強烈的干預手段，又稱為反托拉斯法。西方很多國家都不同程度地制定和實施反壟斷法。中國反壟斷法於2007年8月30日通過，2008年8月1日正式實施。19世紀末20世紀初，美國企業界出現第一次大兼併浪潮，形成一大批經濟實力雄厚的壟斷企業。壟斷的形成和發展，深刻影響美國經濟社會的發展。從1890年到1950年，美國國會通過了一系列反壟斷法案，對犯法者有法院提出警告、罰款、改組公司直至判刑等措施。

3. 國有化

所謂國有化，就是對自然壟斷或公共事業行業由國家來控股經營，以避免私人壟斷造成的效率損失。20世紀40年代末50年代初，英國對自然壟斷行業進行國有化，提高了行業的規模經濟效應，其中以電力、自來水和煤氣行業為主，實施國有化之後，這些行業產業集中度得到了提高，規模經濟效應顯現。但是對壟斷企業的國有化也存在一些弊端。如政府可以直接干涉企業的經營活動，企業缺乏決策權，把企業發展作為達到政治目標的工具等。

(二) 政府對外部性的治理

1. 使用稅收與津貼

對造成負外部性的企業，政府應對其徵稅，稅額應等於該企業給社會其他成員造成的損失，從而使該企業的私人成本正好等於社會成本。例如在產生污染的情況下，政府向排污者徵稅，稅額等於治理污染所需要的費用。反之，對於帶來正外部性的企業，國家可以採取給予該企業津貼的方法，使其私人收益與社會收益相等。無論是正外部性或是負外部性，只要政府採取的措施使得私人成本和私人收益與相對應的社會成本和社會收益相等，則資源配置就可以達到帕累托最優狀態。

2. 促使企業合併

如果一個企業的生產對另外一個企業的影響是正向的，則第一個企業的生產就會超過社會的最優水平；相反，如果影響是負面的，則第一個企業的生產就低於社會最優水平。此時如果把兩個企業合併為一個企業，則外部性就消失了，或者說，外部性被「內部化」

了。合併后的單個企業利益最大化的點在邊際收益等於邊際成本出，而由於沒有外部性，則此處也是社會利益最大化的點，可見通過促使企業合併可以實現資源配置的帕累托最優狀態。

3. 合理界定產權

在很多情況下，外部影響之所以導致資源配置失效，是由於產權不明確。如果產權明確並能得到充分的保障，那麼某些負外部效應就不會發生。比如上游企業排污造成下游用水者的損害。只要水資源的使用權明確，無論這種產權是屬於排污方還是受污方，市場對資源的配置會達到帕累托最優狀態。

(三) 政府對公共物品和公共資源的治理

公共物品的生產和消費不能由市場上的私人決策來解決，政府必須承擔提供公共物品的任務。經濟中的純公共物品，如國防、義務教育、市政建設、社會保障等，就需要由政府來負責提供。為了提供這些純公共物品，政府會向公民徵稅，作為提供公共物品的資金來源。提供公共物品是政府在市場經濟中的基本職能之一。對於準公共物品，可以採取俱樂部制，只有支付了一定費用的消費者才能使用，對於公共資源，則需要政府通過立法、建立保護區等方法進行管理，以保證公共資源得到合理的利用。

一般情況下，政府應採用成本—收益法來衡量公共物品是否值得生產以及生產多少，如果評估的結果是收益大於或至少等於成本，則它就值得生產，否則就不值得。

【綜合案例討論】

為什麼藏羚羊需要保護？[1]

從 20 世紀 80 年代起，國際奢侈品市場上流行著一種沙圖什披肩，它雍容華貴，精美絕倫，舉世聞名。儘管沙圖什極大地滿足了人們的虛榮心，但很少有人知道沙圖什的真正來源。

其實，沙圖什是藏羚羊的羊絨。藏羚羊為了適應高原嚴冬的氣候，經過自然進化，長出了柔軟、輕盈、溫暖的沙圖什。由於藏羚羊極難馴化，無法家養，只存在於野生狀態，要得到沙圖什就只能捕殺藏羚羊，因此中國青藏高原每年大約有 24,000 只藏羚羊被捕殺，形成了「獵殺在中國，加工在印度，使用在歐美」這樣一條特殊的利益鏈條。

藏羚羊之所以被捕殺，並不僅僅是因為國際時尚市場對沙圖什製品的追捧，更重要的是因為藏羚羊只存在於野生狀態，屬於共有資源，有競爭性卻沒有排他性，導致「公共草地的悲劇」的出現，使藏羚羊被大量捕殺。基於此，在青海、西藏等地藏羚羊比較集中的地方，一批國家級的自然保護區被逐步建立起來。

思考與分析：

1. 什麼是共有資源？它有什麼特點？
2. 如何應對在共有資源分配中的市場失靈？

---

[1] 資料來源：西藏信息中心（http://www.tibet.cn/info）。

【復習與思考】

一、名詞解釋

排他性

非排他性

競爭性

非競爭性

公共物品

科斯定理

外部性

非對稱信息

逆向選擇

道德風險

二、選擇題

1. 為了提高資源配置效率，政府對競爭性行業廠商的壟斷行為是（　　）。
   A. 限制的　　　　　　　　　　B. 提倡的
   C. 有條件加以支持的　　　　　D. 放任不管的

2. 市場失靈是指（　　）。
   A. 市場機制沒能使社會資源分配達到最有效率的狀態
   B. 價格機制不能起到有效配置資源的作用
   C. 根據價格所做的決策使資源配置發生扭曲
   D. 以上都是

3. 可用（　　）來描述一個養蜂人與鄰近果園的農場主之間的關係。
   A. 負外部性　　　　　　　　　B. 正外部性
   C. 外部損害　　　　　　　　　D. 以上都不是

4. 解決負外部性可採取（　　）。
   A. 徵稅的方法　　　　　　　　B. 產權界定的方法
   C. 將外部性內在化的方法　　　D. 以上各項均可行

5. 從社會的角度來看，效率要求（　　）之間相等。
   A. 社會邊際收益和社會邊際成本　　B. 社會邊際收益和私人邊際收益
   C. 社會邊際收益和私人邊際成本　　D. 社會邊際成本和私人邊際成本

6. （　　）不是公共物品的特徵。
   A. 非排他性　　　　　　　　　B. 競爭性
   C. 外部性　　　　　　　　　　D. 由政府提供

7. 市場不能提供純粹的公共物品，是因為（　　）。
   A. 公共物品不具有排他性　　　B. 公共物品不具有競爭性
   C. 消費者都想「搭便車」　　　D. 以上三種情況都是

8. 如果某種產品的生產正在造成污染，因而社會邊際成本大於私人邊際成本，適當

的國家管理政策是徵稅，徵稅額等於（　　）。

　　A. 治理污染所支付的成本　　　B. 私人邊際成本
　　C. 社會邊際成本和私人邊際成本之差　　D. 社會邊際成本

9. 其他條件相同，最願意購買保險的人是那些最可能需要它的人，這是（　　）的例子。

　　A. 逆向選擇　　　　　　　　　B.「搭便車」問題
　　C. 自然選擇　　　　　　　　　D. 道德風險

三、簡答題

1. 公共物品與私人物品相比有什麼特點？這種特點怎麼說明在公共物品的生產上市場是失靈的？

2. 舉例說明信息不對稱會破壞市場的有效性。

國家圖書館出版品預行編目(CIP)資料

微觀經濟學 / 吳萍 主編.-- 第一版.
-- 臺北市：崧博出版：財經錢線文化發行, 2018.10
　面；　公分

ISBN 978-957-735-574-4(平裝)

1.個體經濟學

551　　107017087

書　名：微觀經濟學
作　者：吳萍 主編
發行人：黃振庭
出版者：崧博出版事業有限公司
發行者：財經錢線文化事業有限公司
E-mail：sonbookservice@gmail.com
粉絲頁　　　　　　　　網　址：
地　址：台北市中正區延平南路六十一號五樓一室
8F.-815, No.61, Sec. 1, Chongqing S. Rd., Zhongzheng Dist., Taipei City 100, Taiwan (R.O.C.)
電　話：(02)2370-3310　傳　真：(02) 2370-3210
總經銷：紅螞蟻圖書有限公司
地　址：台北市內湖區舊宗路二段 121 巷 19 號
電　話：02-2795-3656　傳真：02-2795-4100　網址：
印　刷：京峯彩色印刷有限公司（京峰數位）

　　本書版權為西南財經大學出版社所有授權崧博出版事業有限公司獨家發行電子書及繁體書繁體版。若有其他相關權利及授權需求請與本公司聯繫。

定價：250 元

發行日期：2018 年 10 月第一版

◎ 本書以POD印製發行